普通高等学校旅游管理教材

旅游企业战略管理
STRATEGIC MANAGEMENT OF TOURISM ENTERPRISES

马桂顺　编著

清华大学出版社
北　京

内 容 简 介

本书以旅游企业为对象，在介绍企业战略管理一般理论及原理的基础上，结合旅游业的特点阐述了战略管理的理论是如何运用到旅游企业的实际决策过程中的。具体内容包括旅游企业战略管理概论、旅游企业的战略分析、战略选择及实施与评价等。

本书面向普通高等学校旅游与酒店管理专业的本科生，同时也可作为旅游企业从业人员及研究人员了解和研究战略管理的参考用书。

本书封面贴有清华大学出版社防伪标签，无标签者不得销售。

版权所有，侵权必究。举报：010-62782989，beiqinquan@tup.tsinghua.edu.cn。

图书在版编目（CIP）数据

旅游企业战略管理/马桂顺编著．—北京：清华大学出版社，2017（2022.7重印）
（普通高等学校旅游管理教材）
ISBN 978-7-302-46022-0

Ⅰ.①旅⋯ Ⅱ.①马⋯ Ⅲ.①旅游企业-企业管理-战略管理-高等学校-教材 Ⅳ.①F590.6

中国版本图书馆 CIP 数据核字（2016）第 316323 号

责任编辑：邓　婷
封面设计：康飞龙
版式设计：牛瑞瑞
责任校对：何士如
责任印制：丛怀宇

出版发行：清华大学出版社
网　　址：http://www.tup.com.cn，http://www.wqbook.com
地　　址：北京清华大学学研大厦 A 座　　邮　编：100084
社 总 机：010-83470000　　邮　购：010-62786544
投稿与读者服务：010-62776969，c-service@tup.tsinghua.edu.cn
质量反馈：010-62772015，zhiliang@tup.tsinghua.edu.cn

印 装 者：北京鑫海金澳胶印有限公司
经　　销：全国新华书店
开　　本：185mm×230mm　　印　张：11.75　　字　数：234 千字
版　　次：2017 年 6 月第 1 版　　印　次：2022 年 7 月第 4 次印刷
定　　价：32.00 元

产品编号：054782-01

前　言

孙子说："上兵伐谋，其次伐交，其次伐兵，其下攻城。"谋略对于商战的重要性，一点也不逊色于其对战争的重要性。这就是战略管理在非常短的时间里融入管理学的主流、成为管理学核心课程的重要原因之一。

改革开放以来，我国的旅游业得到了极大的发展，并对我国的国民经济发展和人民生活质量的提高起到了非常重要的作用。此外，旅游业作为一个产业，有其自身的显著特点；随着研究的深入，其学科建设也在不断发展。因此，基于该产业的重要性及其发展速度，有必要写出一本专门论述旅游企业战略管理的教材，以评价战略管理对旅游企业管理的影响。

本书的特点体现在：立足于旅游业的行业特性，并结合我国的实际国情，为旅游企业提供如何规划战略和执行战略的思路与方法。本书在写作过程中，力求坚持以下原则：

1．系统性原则

本书系统地介绍了战略管理学科内所有的核心主题和经过了时间检验的概念；而且始终强调战略管理过程的三项相互关联的基本活动——战略分析、战略制定和战略执行，不可偏废。

2．实用性原则

战略管理不是纸上谈兵。纸上得来终觉浅，为什么？因为从理论到实践，是一个质的飞跃。由于战略管理是关注企业全局性、方向性的决策，所以战略管理的教材更容易流于概念的描述和理论的分析。本书在系统阐述战略管理的基本理论的基础上，通过在每章后面精心穿插的案例，帮助读者架设实现从理论到实践的飞跃的桥梁。

3．开拓性原则

本书力求突破战略管理教材的传统模式与写作方法，内容求"实"与求"新"、求"深"相结合。在参阅大量中外文献的基础上，以全新的视角，条分缕析地进行分析研究，尽量为读者提供一种崭新的战略思维方式。

战略管理作为最新、最具活力的一门管理学科，在近几十年里的发展令人瞩目。从最近的发展动向看，战略管理理论已走出学院的象牙塔，越来越广泛地被运用于企业战略管理的实践中。我国的旅游企业，尤其是国有旅游企业，正经历着向市场化运作机制与经营方式的转变。衷心期望本书的出版，能发挥其应有的作用，让更多需要它的人们感受到战略管理的奥妙之处。

由于水平和时间有限，书中难免有疏漏和不当之处，恳请各位读者不吝赐教。

本书在写作过程中，参考、吸收和采用了许多战略管理专家、学者的著述和最新研究成果，这些专家学者的思路和观点对本书的顺利完成提供了很大的帮助，在此一并表示谢意。

清华大学出版社为本书的写作和出版付出了辛勤的劳动，在此深表感谢。

马桂顺
2016 年 5 月于大连

目 录

第一章 战略管理概述 1

第一节 战略及战略管理 1
一、企业战略的定义及特征 1
二、战略管理的定义及特征 8
三、战略管理的产生与发展 9
四、战略管理的边界 13

第二节 战略管理过程 14
一、战略分析 14
二、战略制定 15
三、战略实施 16

第三节 战略管理的利益相关者 18
一、组织外部的利益相关者 19
二、组织内部的利益相关者 19

第四节 战略管理的意义 20
本章案例 半生激情与梦想孙正义 21
本章思考题 25

第二章 旅游企业战略管理的特征 26

第一节 旅游服务的特征 26
一、旅游产品作为服务产品的特征 26
二、旅游业的行业特征 28

第二节 新世纪旅游企业战略管理面临的挑战 31
一、全球化对旅游企业战略管理的挑战 31
二、旅游者对安全和保障的需求对旅游企业战略管理的挑战 32
三、技术创新对旅游企业战略管理的挑战 33
四、知识经济对旅游企业战略管理的挑战 34
本章案例 去哪儿网：成立智慧旅游营销中心，VR、大数据齐助阵 35
本章思考题 37

第三章　旅游企业的外部环境分析 ………………………………………… 38

第一节　旅游企业的总体环境分析 ……………………………………… 39
  一、总体环境分析的目的 …………………………………………… 39
  二、总体环境分析的步骤 …………………………………………… 39
  三、总体环境的细分 ………………………………………………… 40
  四、我国旅游企业所处的宏观环境 ………………………………… 46

第二节　旅游企业的行业环境分析 ……………………………………… 50
  一、新进入者的威胁 ………………………………………………… 51
  二、替代品的威胁 …………………………………………………… 52
  三、买方讨价还价的能力 …………………………………………… 53
  四、卖方讨价还价的能力 …………………………………………… 54
  五、行业内现有企业之间的竞争强度 ……………………………… 55

第三节　竞争对手分析 …………………………………………………… 57
  一、竞争对手分析的内容 …………………………………………… 57
  二、竞争对手的反应概要 …………………………………………… 60
  三、市场信号 ………………………………………………………… 61
  四、了解竞争对手信息的情报系统 ………………………………… 64
  五、战略组群分析 …………………………………………………… 64

本章案例　可乐双雄的战略选择与战术交锋 ……………………………… 65
本章思考题 …………………………………………………………………… 71

第四章　旅游企业的内部环境分析 ………………………………………… 72

第一节　旅游企业的资源、能力与核心能力分析 ……………………… 72
  一、旅游企业的资源评估 …………………………………………… 74
  二、旅游企业的能力与核心能力分析 ……………………………… 79

第二节　价值链分析 ……………………………………………………… 81
  一、旅游企业的价值链分析 ………………………………………… 81
  二、外包 ……………………………………………………………… 83
  三、服务利润链 ……………………………………………………… 83

第三节　常用的战略分析工具 …………………………………………… 84
  一、战略要素评价矩阵法 …………………………………………… 84
  二、SWOT 分析法 …………………………………………………… 85

本章案例　年营收超 50 亿，这家日本温泉酒店是如何做到连续 54 年盈利的？..... 89
　思考与练习 91

第五章　旅游企业战略目标的制定 ... 92

第一节　旅游企业的使命 ... 92
　　一、旅游企业的愿景、使命与战略目标 ... 92
　　二、旅游企业使命的定位 ... 93
　　三、旅游企业使命的作用 ... 97

第二节　战略目标体系 ... 99
　　一、战略目标的作用 ... 99
　　二、战略目标的特征 ... 100
　　三、战略目标的内容 ... 101
　　四、旅游企业的战略目标体系 ... 103

第三节　旅游企业战略目标的制定 ... 104
　　一、战略目标的制定原则 ... 104
　　二、战略目标的制定过程 ... 105
　　三、战略目标的制定方法 ... 106

　本章案例　马尔代夫旅游促销委员会 ... 107
　本章思考题 ... 108

第六章　旅游企业的竞争战略 ... 109

第一节　成本领先战略 ... 109
　　一、成本领先战略的类型 ... 110
　　二、实施成本领先战略的条件 ... 112
　　三、实施成本领先战略的收益及风险 ... 113

第二节　差异化战略 ... 114
　　一、差异化战略的实施途径 ... 115
　　二、实施差异化战略的条件 ... 118
　　三、实施差异化战略的收益及风险 ... 118

第三节　集中化战略 ... 119
　　一、集中化战略的类型及实施步骤 ... 119
　　二、集中化战略的适用条件、收益与风险 ... 122

第四节　整合战略 ... 122

　　本章案例　估值从 1 亿到 150 亿美元，绿山咖啡靠什么？ 124
　　本章思考题 127

第七章　旅游企业的发展战略 128

第一节　增长型战略 128
　　一、增长型战略的适用条件 129
　　二、增长型战略的利弊分析 130
　　三、增长型战略的类型 131

第二节　稳定型战略 134
　　一、稳定型战略的概念及类型 134
　　二、稳定型战略的适用条件 135
　　三、稳定型战略的利弊分析 137

第三节　紧缩型战略 138
　　一、紧缩型战略的概念及类型 138
　　二、紧缩型战略的适用条件 140
　　三、紧缩型战略的利弊分析 141

第四节　影响企业选择发展战略的因素及 选择发展战略的方法 142
　　一、影响企业选择发展战略的因素 142
　　二、企业选择发展战略的方法 143
　　三、发展战略选择的误区 146

第五节　一体化战略 147
　　一、一体化战略的类型 147
　　二、纵向一体化的战略利益与战略成本 148
　　二、横向一体化的战略利益与战略成本 149

第六节　多元化战略 150
　　一、多元化战略的类型 150
　　二、多元化的战略利益与战略成本 153
　　三、多元化战略应注意的问题 155

　　本章案例　春秋集团：打造中国游客赴日游产品链 156
　　本章思考题 157

第八章　旅游企业的战略方法 158

第一节　旅游企业可选择的战略方法 158

一、内部增长方式 159
　　二、外部增长方式 160
　第二节　企业并购——兼并和收购 160
　　一、企业并购的类型 160
　　二、企业并购的动机 162
　　三、企业并购后的整合 164
　　四、企业并购应注意的问题 165
　第三节　战略联盟 166
　　一、战略联盟的概念与特点 167
　　二、战略联盟的组建动因 168
　　三、组建战略联盟应注意的问题 169
　第四节　旅游企业常用的其他增长方法 169
　　一、特许经营 169
　　二、管理合同 170
　　三、合作网络 171
　第五节　重组 171
　　一、企业重组及其原因 171
　　二、企业重组的方法 172
　本章案例　海航系：掀起国内外收购并购潮 173
　本章思考题 176

主要参考文献 177

第一章 战略管理概述

进入21世纪,一个企业能否成功,从某种意义上来讲,就是要看其能否灵活运用战略管理将各种资源加以整合,变成社会所需要的产品和服务。本章为战略管理的概括性介绍,通过学习本章内容,以期读者能对战略管理的全貌有初步的了解,为学习以后各章的具体内容打下基础。

通过本章的学习,读者能够做到:
- ◇ 了解企业战略的定义、特征及层次;
- ◇ 熟知企业战略管理的定义及过程;
- ◇ 描述企业战略管理的产生与发展历程;
- ◇ 懂得企业利益相关者的概念并了解战略管理过程中利益相关者管理的重要性。

第一节 战略及战略管理

一、企业战略的定义及特征

(一)企业战略的不同定义

"战略"一词原本是军事术语,指将帅的智谋,后来指军事力量的运用。战略理论的起源可追溯至公元前360年孙武撰写的《孙子兵法》与几乎同时期的古希腊的军事战略。

《辞海》中对战略一词的定义是:"军事名词。对战争全局的筹划和指挥。它依据敌对双方的军事、政治、经济、地理等因素,照顾战争全局的各方面,规定军事力量的准备和运用。"

《中国大百科全书·军事卷》在诠释"战略"一词时说:"战略是指导战争全局的方略。即战争指导者为达到战争的政治目的,依据战争规律所制定和采取的准备和实施战争的方针、政策和方法。"

在英语中,战略一词为"strategy",它来源于希腊语的"stratagia",也是一个与军事有关的词。《韦氏新国际英语大词典》(第3版)定义战略一词为"军事指挥官克敌制胜

的科学与艺术"。而《简明大不列颠百科全书》则称战略是"在战争中利用军事手段达到战争目的的科学和艺术"。

后来,随着人类社会实践的发展,战略一词被人们广泛地应用于军事之外的领域,人们又逐渐赋予战略一词以新的含义。将战略思想运用于企业的经营管理之中,就产生了企业战略这一概念。目前,企业战略问题已经成为决定企业竞争成败的关键与核心。

什么是"企业战略"?在战略管理文献中对此没有一个公认的、统一的定义,不同学者从不同的研究角度赋予企业战略以不同的定义。下面列举西方一些著名的学者提出的独具特色的战略定义,以供读者思考企业战略的真正定义。

1. 安德鲁斯的定义

安德鲁斯(K.Andrews)是美国哈佛商学院的教授,他认为企业总体战略是一种决策模式(Mode of Decision)。通过这一模式,要揭示企业的使命和目标,提出实现目的的重大方针与计划,确定企业应该经营的业务,明确企业的经济类型与人文组织类型,以及决定企业应对员工、顾客和社会做出的经济与非经济的贡献。

2. 安索夫的定义

美国著名战略学家安索夫认为,企业目前的产品和市场与未来的产品和市场之间存在着一种内在的联系,战略贯穿于其间,安索夫称这种现象为"共同经营主线"。通过分析企业的共同经营主线,可以把握企业的方向,同时,企业也可以正确运用这条主线,恰当地指导自己的内部管理。

安索夫指出,企业在制定战略时,有必要先确定自己的经营性质。有的企业按照产品系列的特性确定自己的经营性质,便出现了"半导体器件公司""机床公司"等名称。有的则是根据生产产品系列的技术来确定经营的性质,如"钢铁公司""玻璃公司"等。在后一种定义的情况下,企业尽管有可能向不同用户销售一系列不同的产品,但制造这些不同产品的技术基本上是一致的,或者彼此之间在技术上有着一定的关系。

在实际工作中,还有一些企业是根据所有的市场确定自己的经营性质。这种确定方式提出了一个很有用的观点,即注意到了企业的使命与用户需求之间的差别。安索夫认为使命是现有产品的一种需求,而用户是产品的实际购买者。用户的身份较为特殊,既是需求占有者,又是货币持有者,他们是用货币来满足需求的。在制订战略的实际过程中,用户不应被看作企业经营的共同主线。一个用户常常会有一系列不相关的产品的需求,而这些不同的需求之间没有较强的共同经营主线。

企业如果将自己的经营性质定义得过宽,则会失去共同经营主线,也就无法制订战略。例如,一个自称为"交通运输的企业",便找不到共同经营的主线。首先,这类企业的使命会相当广泛,如市内交通、城际交通、空中运输、水上运输等。其次,用户的范围相当广泛，如个人、家庭、企业、机关单位等。最后，产品范围也相当广泛，如汽车、火车、轮船、飞机等。这些变量可以形成无数组合，产生出无数条共同经营主线，使企业无所适从。

另一方面，企业也不能将自己的经营性质定义得过窄。现今，许多企业实际上都是在不同的行业里从事不同的生产经营活动。同时，行业的界线也随着科学技术的发展而不断变化，不断产生新的行业。

安索夫对战略管理的最大贡献是自从他的战略定义提出以后，西方战略管理文献便将战略管理分为两大类：企业总体战略和经营战略。企业总体战略考虑的是企业应该选择进入哪种类型的经营业务；经营战略考虑的则是企业一旦选定了某种类型的经营业务后，确定应该如何在这一领域里进行竞争或运行。

3. 明茨伯格的定义

加拿大麦吉尔大学管理学教授明茨伯格（H.Mintzberg）对于企业战略的定义有着他自己的特殊认识。他指出，在生产经营活动中，人们在不同的场合以不同的方式赋予企业战略不同的内涵，人们可以根据需要接受各种不同的战略定义。只不过在正式使用战略的定义时，人们只引用了其中的一个罢了。明茨伯格提出了企业战略 5P 观，即计划（Plan）、计策（Ploy）、模式（Pattern）、定位（Position）和观念（Perspective）。值得强调的是，企业战略仍只有一个，这五个小定义只不过是从不同角度对战略加以阐述。

明茨伯格指出，大多数人把战略看成一种计划（Plan）。计划意味着对事情作好事先的安排和部署，并监测从开始到可能的结果之间的每一个环节。根据这个定义，战略具有两个本质属性：一是战略是在企业发生经营活动之前制定的，以备人们使用；二是战略是有意识、有目的地开发的。在实践中，有些企业的战略沿用的就是这种模式。"计划者们（Planners）"试图形成一些企业内部文件，其中详述企业在未来一段时期（如 5 年）内的发展方向和目标，或者是企业总的发展方向，或者是新产品投放的日程计划、收购计划、财务计划（如投资所需资本的筹集）、人力资源的变动等。

计策（Ploy）通常指短期战略，与企业要采取的具体战术行动相关。明茨伯格把计策描述为"威慑和战胜竞争对手的手段"（Mintzberg et al., 1998: 14）。他指出有些公司用计策战略来应对威胁。例如，在竞争中简单地采用降价的手段来使竞争者感到不安。

明茨伯格认为，仅把战略定义为企业采取经营活动之前的一种计划是不充分的。在现实中，人们仍需要有一种定义说明战略执行结果的行为，即战略体现为一系列的行为。因此，明茨伯格提出第三种定义：战略是一种行为模式（Pattern），它反映企业的一系列行动。战略作为一种计划与战略作为一种模式两种定义是相互独立的。在实践中，计划往往可能在最后没有实施，模式却可能事先并没有具体计划，但最后却形成了。就是说，战略可能是人类行为的结果,而不是人类设计的结果。因此,我们可以称第一个定义的战略是设计的战略,而第三个定义的战略是已实现的战略。这种模式战略有时不易被察觉,也就是说,人们甚至没有意识到他们正沿用一种固定的模式战略。只有某种行为战略取得了一定的成效之后,人们才会意识到这一战略。

当一个企业面临的最重要的事情是如何确定其竞争地位或市场地位时,即企业期望获得或维护某种地位时,应该采取定位(Position)战略。在经营中,公司总是在追求市场份额、利润、研发能力和声誉等目标。企业若想维持并不断提升其声誉,以确保其竞争地位,就需要采取定位战略。

把战略看成一种观念(Perspective),它体现组织中人们对客观世界固有的认识方式。战略是一种观念的定义,认为战略都是一种抽象的概念,只存在于需要战略的人的头脑之中,没有谁亲眼见过战略或触摸过战略。可以说,每一种战略都是人们思维的创造物,是一种精神产物。战略是一种观念的重要实质在于,同价值观、文化和理想等精神内容为组织成员所共有一样,战略的观念要通过组织成员的期望和行为而形成共享。在这个定义里,还需强调的是集体意识。

4．钱德勒的定义

通过前面的介绍不难看出,企业战略领域的学者很难就"战略"的定义达成一致。有些学者也试图对其做出简洁的概括总结,以便学生理解和掌握。美国哈佛商学院的钱德勒(Chandler)教授在1962年对"战略"所作的定义,目前仍被广泛地引用。钱德勒认为战略是一种明确地设定企业的长期目标(Goals)和短期目标(Objectives),制订达到这些目标所需的主要行动计划、部署必要资源的一种方法。

5．本书的战略定义

根据理论界和企业界多数人的意见,企业战略可定义为：企业在竞争激烈的市场经济环境中,为谋求企业的长期生存和发展而对企业的重大问题做出的长远性、全局性的谋划或方案。

这一概念包含以下几个要点。

(1) 企业战略就是企业的谋划和决策；

(2) 企业战略谋划的主体是企业；

(3) 谋划的目的是企业为适应未来环境的变化,寻求持续与稳定的发展；

(4) 谋划的核心内容是具有全局性、长远性和纲领性的重大问题。

(二) 企业战略的特征

从上面的定义,我们可以看出企业战略具有如下特征。

1. 全局性

这是企业战略最根本的特征。形象地说,企业战略就是企业的发展蓝图,是对企业的未来经营方向和目标的纲领性的规划和设计。简言之,全局性是指将企业的全局作为研究对象来确定企业的总目标。

任何一个企业,总是会遇到各种各样的情况,需要处理各种各样的问题,做出各种各样的决策,其中一些决策可能涉及整个组织范围,另一些可能只与局部利益相关,这些决策有时甚至会互相矛盾。这时就需要领导人把握事物的总体性,看清全局利益,运筹帷幄,制订有效的战略,做出正确的战略部署。杰克·韦尔奇在接手通用电气(GE)时,虽然电灯泡在整个 GE 的业务中根本不赚钱,但是由于 GE 是电灯泡的发明人爱迪生一手创办的,整个 GE 对电灯泡事业部依然怀有浓郁的情感。为了 GE 能够保持良好的生命活力,韦尔奇毅然砍掉了电灯泡事业部等数个过去曾经辉煌过而目前不赚钱的部门,为 GE 的发展扫清了障碍。

2. 长远性

企业在考虑战略问题时,并不是考虑短期内该做什么,而是考虑企业在未来相当长的时期内的总体发展问题。评价一个战略优劣的一个重要标准就是看其是否有助于企业长期发展。经验表明,企业战略通常着眼于企业未来 3～5 年乃至更长远的目标。为此,它必须处理好昨天、今天与明天的关系。处理好这三者关系的正确原则是:参考昨天,立足今天,谋划明天。企业的战略虽然要立足当前,但更要着眼于未来,重点是谋求企业的长期发展和长远利益。

3. 纲领性

企业战略所确定的战略目标和发展方向是一种原则性和概括性的规定,是对企业未来发展的一种粗线条的设计。它是对企业未来成败的总体谋划,而不会纠缠于现实的细枝末节。战略不在于精细,而在于洞察方向。

4. 竞争性

企业战略是企业在竞争中战胜对手,应付外界环境的威胁、压力和挑战的整套行动方案。它是针对竞争对手制定的,具有直接的对抗性。也就是说,企业战略是一种具有"火药味"的、而非"和平"状态下的计划。

5. 风险性

企业战略对企业未来的谋划,不一定会完全实现,有时也实现不了,这时它就会给企业带来一定的风险。对此,企业的领导者必须要有清醒的认识,并要制定充分的风险防范措施。

企业战略为什么会有风险性呢?风险性的根源主要来自长远性。由于战略具有长远

性的特征,即它重点是谋划未来的,这就必然会出现两种情况。

一是未来有好多因素是不可预测的,如天灾、战争等,因其不可预测就具有不确定性,而不确定性就很容易导致风险性。

二是对未来的有些因素虽然可以作一些预测,但预测的情况和现实的发展有很大差距,如科技的发展等,而这些差距又是难以控制的,这同样具有不确定性,进而也就很容易导致风险性。

既然有风险,为什么还要制定企业战略呢?其实这主要是为了抢占机会。因为好的机会总是转瞬即逝,而机会和风险形影不离,风险性与获利性又成正比,所以要想获利,尤其是想获大利,就要敢于冒风险。再者,战略决策的本质就是对未来风险的挑战,如果惧怕这一挑战,就很难做出战略决策。海尔集团 CEO 张瑞敏说得好:"决策的风险永远存在,但不能因为有风险就不决策。如果决策是为了不想引火烧身,不给自己找麻烦,你就集体表决。这样做,个人肯定没风险,但企业的风险就大到了极限!因为当大家都看明白、都认为是好事时,我认为时机已经过去了,所以有时面对机遇尽管风险很大,但成功后收益也很大;而有100%把握的、大家都认为是好事儿的决策,肯定是失败的决策。"不过,强调风险性并不是说可以随意去冒风险,而是应当尽量防范风险。

6. 创新性

企业战略的创新性源于企业内外部环境的发展变化。因循守旧的企业战略是无法适应时代潮流的。企业未来的环境、市场、顾客、竞争对手以及企业自身,都不可能是现在的重复或者简单的延伸。未来的种种变化之迅猛,突发变动的幅度、频率、内容等,都是用现有的经验和知识所难以驾驭的。唯一的办法就是以变应变,以创新求生存、求发展。关于企业经营创新,美国管理学大师彼得·德鲁克这样表述:"在这个要求创新的时代,一个不能创新的已有企业是注定要衰落和灭亡的。一个不知道如何对创新进行管理的管理者是无能的,不能胜任其工作。对创新进行管理将日益成为企业管理者特别是高层管理者的一种挑战,并且成为他的能力的一种试金石。企业家的职能是创新。"

(三)企业战略的层次

一般来说,一个现代企业的战略包括三个层次:公司层战略、经营层战略和职能层战略。

1. 公司层战略

公司层战略(Corporate Strategy)的研究对象是一个由一些相对独立的业务或事业单位,即战略业务单元(Strategic Business Units,SBU)组合而成的企业整体。公司层战略是这个企业整体的战略总纲,是企业最高管理层指导和控制企业一切行为的最高行动纲领。公司层战略的主要内容包括企业战略决策的一系列最基本的因素。

概括地说，公司层战略主要强调两个方面的问题。

第一，"我们应该做什么业务？"即确定企业的性质和宗旨，确定企业活动的范围和重点。这些因素不仅决定着企业的经营状况，还决定着企业在外部市场环境中的地位，因而是企业生存和发展的根本问题。企业所服务的消费者群体的类型、满足消费者需求的程度、企业采用的技术类型、企业向市场提供的产品类型以及这些方面的发展趋势，结合起来就确定了企业活动的范围和重点。这些因素也是反映企业的市场地位、利用市场机会和应付市场威胁的能力的检测器。

第二，"我们怎样去发展这些业务？"即在企业不同的战略事业单位之间如何分配资源，怎样最大限度地利用好这些资源。对于企业来说，合理地配置资源是至关重要的。这是因为，一方面，资源投入不同业务领域的效益不相同，另一方面，企业内部各个部门往往都在相互争夺有限资源。企业高层管理者的一个重要任务就是以最有利于提高企业整体绩效为前提，根据企业内部资源的潜力可能性，权衡每一项业务活动对企业内部资源的需要，按照轻重缓急合理地配置资源。

从企业战略管理的角度来说，公司层战略主要有如下几个重点内容。

（1）企业使命的确定。即确定企业最适合于从事哪些业务领域，为哪些消费者服务，企业向何种经营领域发展。

（2）战略业务单元（SBU）的划分及战略业务的发展规划。例如，开发新业务的时机与方式，现有企业放弃、维持或者扩展的安排，以及进行这种调整的深度和速度。

（3）关键战略业务单元（SBU）的战略目标。战略业务单元，是公司中的一个单位，或者职能单元，它是以企业所服务的独立的产品、行业或市场为基础，由企业若干事业部或事业部的某些部分组成的战略组织。战略业务单位必须在公司总体目标和战略的约束下，执行自己的战略管理过程。

2. 经营层战略

经营层战略也称事业部战略（SBU Strategy）。它是指在总体性的企业公司战略指导下，各个战略业务单元（SBU）制定的部门战略，是公司战略下的子战略。

经营层战略主要研究的是产品和服务在市场上的竞争问题。其目的，从企业外部来看主要是建立一定的竞争优势，即在某一特定的产品与市场领域取得超额利润；从企业内部来看主要是获得一定的协同效应，即统筹安排和协调企业内部的各种生产、财务、研究开发、营销等业务活动。

从企业战略管理的角度来看，经营层战略的侧重点在以下五方面。

（1）如何贯彻企业使命；

（2）事业部面临的机会与威胁等外部分析；
（3）事业部面临的优势与劣势等内部分析；
（4）确定事业部发展的战略目标；
（5）确定事业部发展的战略重点、战略阶段和主要战略措施。

经营层战略与公司层战略的根本不同点在于，公司层战略要从整体上统筹规划多个战略业务单位（SBU）的选择、发展、维持或放弃，而经营层战略则只是就本事业部所从事的某一战略事业进行具体规划。经营层战略是在公司层战略的指导和要求下进行的。

3．职能层战略

职能层战略（Functional Strategy）是为贯彻、实施和支持公司层战略与经营层战略而在企业特定的职能管理领域制定的战略。职能层战略的重点是提高企业资源的利用效率，使其最大化。

职能层战略一般可分为营销战略、人力资源战略、财务战略、生产战略、研究与开发战略等。与公司层战略和经营层战略相比较，职能层战略更为详细、具体和具有可操作性。

从战略管理的角度来说，职能层战略的侧重点在以下四方面。

（1）如何贯彻落实业务部发展的战略目标；
（2）职能战略目标的论证及其细分化，如发展目标（规模、生产能力等）、主导产品与品种目标、质量目标、技术进步目标、市场目标（市场占有率及其增长率）、职工素质目标、管理现代化目标、效益目标（利润率及竞争能力综合指数）等；
（3）确定职能战略的战略重点、战略阶段和主要战略措施；
（4）战略实施中的风险分析和应变能力分析等。

以上三个层次的战略之间既有区别，又相互联系、相互作用和制约，在企业内部构成了一个有机统一的、分层次的战略体系。其中，每一层次的战略构成了下一层次的战略环境，同时，低一级的战略为上级战略目标的实现提供保障和支持。

二、战略管理的定义及特征

战略管理一词最初是由美国著名战略管理学家安索夫在其1976年出版的《从战略计划走向战略管理》一书中提出的。安索夫认为，企业战略管理是指将企业日常业务决策同长期计划决策相结合而形成的一系列经营管理业务。

而美国学者斯坦纳在其1982年出版的《管理政策与战略》一书中则认为，企业战略管理是确立企业使命，根据企业外部环境和内部经营要素设定企业组织目标，保证目标的正确落实，并使企业使命最终得以实现的一个动态过程。

此后，其他许多战略研究学者也提出了不同的见解。如果把各学者的主张概括起来，可以归纳为两种类型：广义的战略管理和狭义的战略管理。广义的战略管理定义认为，战略管理是指运用战略对整个企业进行管理，其主要代表人物是安索夫；狭义的战略管理定义认为，战略管理是指对企业战略的制定、实施、评价（控制和修正）进行管理。狭义的战略管理将整个战略管理的过程分解成三个阶段：战略制定、战略实施和战略评价，这三个阶段相互制约、相互影响、相互作用。狭义的战略管理的主要代表人物是斯坦纳。目前，狭义的战略管理的学者占主流。

本书战略管理定义如下：战略管理是为了使企业达到其长期发展的战略目标，对企业战略的制订、实施及评价与控制活动所进行的一个全面的、复杂的动态管理过程，它是一门综合性、多功能决策的科学和艺术。

企业战略管理具有以下特征。

（1）企业战略管理是一项"综合性的管理活动"。企业战略管理不是单指制订战略，它同时还包括战略的实施、评估、调控和变革等全部管理活动。

（2）企业战略管理是一个"无止境的、动态的管理过程"。企业战略管理不是一次性的、静态的管理工作，而是一个无止境的、循环往复的动态管理过程，即一个有头无尾的管理过程，只要企业的生命存在，就一直需要实施战略管理。这是战略管理与传统的战略规划的主要区别，也是战略管理能够适应环境变化的关键所在。

（3）企业战略管理是一门"决策的科学和艺术"。企业战略管理这门学科既是一门决策的科学，又是一门决策的艺术。说它是"科学"，是因为它是反映企业战略管理客观规律的系统化的知识；说它是"艺术"，是因为这门科学的真正价值就在于应用、实践——只要将其付诸实践，就必然会呈现出不同的风格、不同的模式和不同的效果，这也是其艺术性的不同表现形式。

三、战略管理的产生与发展

（一）战略管理的产生

企业战略管理的理论体系，是随着西方企业管理理论的发展而逐步形成的。但直到20世纪初期，才真正出现企业战略管理理论思想的萌芽。

回顾企业管理的发展史，我们可以发现企业管理发展经历了生产管理、经营管理和战略管理三个阶段。

1．生产管理阶段

19世纪末到20世纪初,电力和内燃机的应用推动了科学技术的发展,以美国为代表的资本主义国家经济高速发展,其中,制造业发展表现尤为突出,整个市场呈现出供不应求的现象。由于产品的销售不成问题,因此,生产者并不考虑市场需求问题。在这种情况下,企业管理的重心必然是生产管理,即千方百计地谋求提高生产效率,增加产量。这种指导思想可以概括为:"我们会做什么就生产什么。"以泰勒(Frederick W.Taylor)为代表提出的科学管理理论和方法就是在这种背景下产生的。

显然,在生产管理阶段,买方与卖方的关系以卖方市场为主导,企业考虑的主要是生产效率问题。

2．经营管理阶段

从19世纪末开始,资本主义经济高速发展。随着资本主义生产发展的盲目性及其基本矛盾的激化,在1929—1933年爆发了震撼资本主义世界的经济危机。各个企业为了求生存、图发展,竞相采用新技术以提高劳动生产率和降低成本,这最终导致了生产过剩和供过于求的局面。这时,各生产企业面临的首要问题已经不再是如何扩大生产规模和提高生产效率,而是从整个企业的投入要素与产出成果去考虑企业的经营问题。第二次世界大战后到20世纪50年代初,科学技术的高速发展和大量军工企业转向生产民用产品,社会产品供给量剧增,各生产企业在市场上的竞争空前激烈。整个市场也迅速由原来的卖方市场转变为以购买者为主导的买方市场。

面对社会经济的这一变化,许多具有远见的企业家意识到,只有树立经营意识,通过市场调研和市场预测,了解顾客现在与未来的需求,再按照市场需求组织生产,并努力降低各种成本,企业才能得以生存与发展。企业管理也就由生产管理阶段进入经营管理阶段。

3．战略管理阶段

20世纪60年代中期,整个世界的政治、经济和社会环境发生了巨大变化。回顾这一时期以后的社会经济发展史,可以清晰地发现战略管理产生的深刻的社会历史根源和经济发展对战略管理需求的迫切性。此时的企业发展有以下几个特征。

(1) 企业的规模日益壮大

据美国《福布斯》(Forbes)记载,早在1983年,世界十个最大企业的年收入都在270亿美元以上。这种超大规模的创收能力连许多世界小国都望尘莫及。在实际的管理跨度中,也是今非昔比,一个总经理往往要掌管十几个事业部,这一特点使大企业管理的有效性和效率问题被提上重要日程。显然,以前的经营管理模式已不再适应这种大规模的发展了,市场要求企业能综合应用内部资源以适应环境变化。

(2) 企业应该承担的社会责任大大提高

随着社会的进步，企业应该承担的社会责任大大提高。越来越多的企业已意识到它们必须承担起以下社会责任：① 保护消费者的正当权益；② 保护投资者和债权人的合法权益；③ 承担起生态与环境的保护义务；④ 向社会提供平等的就业机会；⑤ 保障与提高员工的生活与工作质量，为其事业发展提供机遇；⑥ 促进所处社区的稳定与繁荣。

企业考虑未来发展时，必须充分注意它的活动会对社会产生的影响，否则，企业将为自己的行为承担责任。

(3) 企业发展已从专业化向多元化转变

为了规避经营风险、获取规模经济的效应及稳定收入，许多企业已在不同的行业寻找最佳的发展机会。在这种条件下，行业间的相互关联及波及效果势必会影响并决定企业的发展前景，对行业不进行分析，似乎是不可思议的事。

(4) 企业国际竞争国内化，国内竞争国际化

美国著名管理学家西奥多·莱维特（Theodore Levitt）在《市场全球化》一书中做了这样的描述："一股强大的力量正在使世界变成一个统一的共同体，这种力量就是科学技术……"其结果是出现了一个新的商业现实——标准化消费品的全球市场。面对这种新情况，一些超大型的跨国公司寻求用全球化的竞争战略在全世界范围内推销高质量、低成本、标准化的产品，如耐克运动鞋、可口可乐饮料、联合利华日用品、Levis 和 Lee 牌牛仔服装等。而另外一些中小企业则千方百计地制定自己的战略以寻找有利于自己生存和发展的利基。越来越多的企业认识到，要想在当今的条件下生存和发展，就必须有自己的企业战略。因此，由于竞争的残酷性，企业若想在竞争中获取优势并保持这种优势，就必须有竞争战略管理与之相适应。

(5) 企业所面临的环境更加复杂多变

多因素的影响大大胜于单因素的作用，而且每一因素的变化节奏明显加快。在这种情况下，企业闭门造车或者被动适应环境无异于自寻末路，复杂多变的环境需要有新的管理理念。于是，越来越多的企业意识到，企业要高瞻远瞩，审时度势，居安思危，应站在战略的高度去把握未来客观环境的变化，从而强化自身的应变能力，力图保持企业内部资源条件与外部环境的动态平衡，从而由企业管理阶段逐步迈向战略管理的新时代。

综上所述，战略管理时代的到来有其自身的必要性。正是由于各种要素的综合作用，战略管理才被纳入到管理的领域中。

(二) 战略管理的发展

现代企业战略管理是在资本主义经济迅速发展、科技创新、国际竞争加剧的过程中

产生的。然而，战略管理不是一蹴而就的，它的产生有着深刻的历史根源。从实践上考察，企业战略管理经历了四个发展阶段。

1. 计划与控制阶段

20世纪初，计划与控制管理制度开始出现。在此阶段，财务预算成为重要的计划与控制手段，企业内部的生产、销售、财务等部门分别制订年度预算计划。如果在财务预算的执行过程中出现偏差，要找出原因，并采取必要的修正措施，以便实现既定的预算计划。这种管理制度的重点在于对偏差的控制。它的基本假定是：过去的情况必将重现，即企业所处环境大致稳定。

2. 长期计划阶段

长期计划阶段开始于20世纪50年代初期。当时，战后经济的发展，市场购买力的提高，技术进步的刺激，创造了大量的需求和新的经营机会。企业管理人员对美好前景的热切追求，促使他们树立大胆进取的目标，以寻求更快的成长，于是长期计划受到重视。长期计划管理制度的重点是预测企业的成长，在此基础上制订企业的长期计划。它的基本假定是：过去的情况必将延续到将来。

制订长期计划通常要采用大量的定量方法，将过去的销售、成本、科技等数据和经验延伸到未来。同时，计划的时间幅度也比计划与控制阶段长，可以根据情况延长至两年、五年、甚至十年。

3. 战略计划阶段

由于经营环境的变化，从20世纪60年代后期开始，战略计划成为公司生死攸关的大事，并取代了长期计划职能，战略正式引入企业经营管理领域。企业战略计划的核心，在于制订有效的经营战略，以适应经济、市场的变化和冲突。其基本假定是：过去长期计划运用的延续性预测是有缺陷的。在不连续的经营时代，企业必须不断进行战略调整，制订新的经营方针，以求对市场和竞争对手做出迅速反应。因此，战略计划不仅重视市场环境的预测，而且重视对市场环境的深入了解，特别是对竞争对手和市场的了解，把握环境变动对企业的影响。

制订企业战略计划，给一些企业带来了显著的管理成效。例如，美国通用电气公司在20世纪60年代曾一度盲目发展，出现了销售额直线上升、投资收益和利润额却呈下降趋势的怪现象。该公司通过制订战略计划，淘汰了对公司发展无贡献的产品和部门，把有限的资源集中于有发展前途并能获利的产品和部门，使得公司利润率和销售额保持了同步增长，投资收益显著提高。该公司的这一经验，在当时受到了美国企业界的极大关注，许多企业纷纷仿效。

4. 战略管理阶段

在战略计划阶段，由于一些高层管理人员机械地看待战略计划过程，过分强调定量分析的作用，有的只注重制订战略计划，忽视了对战略的评估与实施工作，造成一些公司战略计划或缺少弹性，或流于形式，成为玩弄数字的游戏，丧失了战略计划应有的成效。1973年能源危机发生以后，为了克服上述弊端，不少公司开始强化对企业战略的评估与实施，并且随时根据环境条件的变化，修改、调整原有战略，或者制订新的经营战略，从而开创了企业战略管理的新阶段。

战略管理兴起于20世纪70年代中后期。它所依据的假定是：面对迅速变化的外部环境，过去有一定周期的计划制度已不能满足应付变革的需要。企业战略决策者为了应付外来的"战略突变"和迅速出现的机会与威胁，必须摆脱计划周期的束缚，改变重计划不重实施的习惯做法，转向制定、评价和实施战略并重，在实施战略计划上下功夫，灵活而又富有创造性地实施战略性管理。

战略管理还具有更深一层的含义。它不一定限于完全被动地承受动荡环境的影响，单纯做出战略的反应和调整，它还具有积极的作用，即战略管理具有"预应"性质：通过制定、实施创造性的战略，能够主动影响环境的变化，迎接环境的挑战。

进入20世纪80年代以后，世界经济更加动荡不安，贸易摩擦、能源短缺、债务危机、股票下跌、新技术与新产品层出不穷等，这些都加剧了国际市场竞争。在这样复杂的经营环境条件下，推行战略管理便成为美国企业适应形势、突破困境、维持生存与发展的重要保证。据调查，到20世纪80年代中期，95%以上的美国大企业都积极推行了战略管理，经营比较成功的中小企业也结合自己的特点实行战略管理。例如，通用汽车、通用电气、惠普等美国大公司，都是通过战略管理顶住了日本、西德等国企业的强大竞争攻势，保持了国际市场上的领先地位。

值得注意的是，企业战略管理各阶段的演进，并非是新的管理方式"替代"原有的管理方式，而是新方式"补充"原有的方式。因此，最后形成的战略管理方式，包含了以往三种管理方式（计划与控制、长期计划、战略计划）的内容。具体地说，企业实行战略管理，依然需要定期的计划程序，只是必须运用各种特殊的管理技术，以使企业经营战略更臻灵活和完善，能够适应正常计划程序以外的情况，并且强化了战略实施和控制工作。

四、战略管理的边界

目前，国内外企业界和学术界对企业战略管理的理解还存在着很多偏差，其原因之一就是对与战略管理相关的许多概念如企业战略、经营管理等认识不清，甚至把它们与

战略管理混为一谈。实际上,它们是既相互联系、又相互区别的不同范畴。

(一)企业战略与战略管理

企业战略实质上是企业的一种"谋划或方案";而战略管理则是对企业战略的一种"管理",具体地说就是对企业的"谋划或方案"的制订、实施与控制。明确这二者之间的关系与区别是相当重要的。对企业界来说,有助于更好地加强战略管理;对于理论界而言,则有助于纠正目前这种因二者区分不清而把许多教科书弄得"令人糊涂"的现状——说是战略管理实际上却在大谈企业战略,说是企业战略则又有些许战略管理的迹象。

(二)企业战略与企业运营

正确理解战略和运营两者之间的联系和区别具有重要意义。战略着重于从现在开始的 5~10 年时间里企业要达到的目标,运营着重于企业为了达到目标而制定的一系列具体的实施步骤。彼得·德鲁克(Peter Drucker)用了一个类比来解释这两者之间的联系和区别:"效果"是指做正确的事,"效率"是指正确地做事。

如果企业领导者只注重提高效率而没有一个明确的努力方向,那么他们经常会错过为企业总体发展进行定位的最佳途径。迈克尔·波特在他的《竞争论》(*On Competition*)中阐述道:"企业一味追求运营高效,无论多么成功,也不能提供持久的竞争优势。"

如同汪洋中的小船一样,企业也在变幻莫测的环境中前进。然而,大部分企业领导者却没有意识到他们在经营企业的过程中,脑海里并没有一个明确的目标。那么战略就有助于企业领导者明确目标,运营则是指导企业领导者关注实现这一目标的具体机制。因此,优先讨论战略性问题很重要,就像先明确航程然后船才能起锚一样。

第二节 战略管理过程

战略管理过程(Strategic Management Process)主要包括战略分析(Strategic Analysis)、战略制定(Strategic Formulation)和战略实施(Strategic Implementation)三个环节。一般认为,这三个环节是按直线列式的,即战略分析之后是战略制定,然后是战略实施。实际上,各个环节之间更明显的关系是相互联系、相互制约,分析战略时已经开始实施了,实施的过程中又在不断地分析,不断地修订,这是一个不断重叠、持续发展的过程。

一、战略分析

战略分析是指对影响企业现在和未来生存和发展的一些关键因素进行分析,是战略

管理的第一步。战略分析主要包括外部环境分析、内部资源分析两个方面。

（一）外部环境分析

任何企业都处在复杂的政治、经济、技术、文化、社会等环境中，因此了解环境对企业的影响对于战略分析来说至关重要。

企业面临的外部环境主要有：一是宏观环境，如政治、法律、科技、社会文化等，此类环境只能间接地影响企业的活动和决策；二是行业环境，如行业中潜在进入者威胁、替代品威胁、行业内部竞争强度、买卖方的讨价还价能力等；三是行业的竞争环境等。

企业进行外部环境分析的目的是：

（1）了解哪些因素会对企业的未来活动产生影响；

（2）认清这些影响的性质，积极的影响因素称为机会，它是对企业有利的因素，消极的影响因素称为威胁，它是对企业不利的因素；

（3）如何应对这些不同性质的影响因素。

外部环境分析的主要目的在于找出企业所面对的机会和威胁。

（二）内部资源分析

企业内部的各种资源，一般可以分为三类：一是企业资源状况（人、财、物、信息、技术等）；二是企业在市场营销、财务、生产、研究与开发、人事及企业文化等方面的现实表现；三是企业管理者是否在市场营销、财务管理、生产管理和研究与开发及企业文化等方面采取了正确的方法。进行内部资源分析的目的是：

（1）了解哪些资源会对企业未来活动产生影响；

（2）认清这些影响的性质，支持性的资源是企业的优势，妨碍性的资源是企业的劣势；

（3）如何针对企业各种不同性质的内部环境资源因素采取对策。

二、战略制定

经过战略分析阶段，能够明确"我们目前处于什么位置"，而战略制定（选择）阶段要回答的问题是"我们向何处发展？"战略制定主要包括战略目标的设定和战略方案的选择等内容。

（一）战略目标的制定

企业的战略目标是企业在遵循自己的使命时所要达到的长期的特定地位，它可以看作是企业活动在一定时期所要获得的成果。企业使命为企业高层管理者选择要达到的战

略目标提供了方向和范围。

战略目标的确定是企业战略规划中至关重要的一步。只有明确战略目标，企业才能根据实现目标的需要，合理地分配企业的各种资源，正确地安排企业经营活动的优先顺序和时间表，恰当地指明任务和职责。不确定企业的战略目标，企业的使命就可能成为一纸空文。

（二）战略方案的选择

这一阶段还要利用战略分析过程中收集的信息，对未来的行动方案做出正确的选择。通过战略方案的选择，需要确定企业应该如何竞争、应选择的战略方向及应选择的战略方法等问题。

三、战略实施

战略实施往往被称作战略管理的行动阶段。战略实施意味着动员企业所有员工将已制定的战略付诸行动。战略实施被看作是战略管理过程中难度最大的阶段，主要包括战略实施和战略控制两方面的内容。

（一）战略实施

企业的战略实施是指借助于中间计划、行动方案、预算和一定的程序（后文将提及），实现企业战略和政策的行动过程。一般认为，战略实施是一项行政性的管理工作，是在企业最高管理层的监督和指导下，由企业的中下层管理人员组织实施的。然而，作为企业的最高行政首脑，一个企业的总经理必须对企业战略的实施承担全部的责任。实际上，对于大多数企业家来说，较之制定企业战略规划，他们不得不将更多的时间与精力放在把战略计划付诸行动之中，设法使其在客观条件的允许下顺利地运行下去。为使企业的内部组织结构与企业战略相适应，战略实施阶段需要进行以下主要工作：

（1）组织结构的建立和调整；
（2）资源的规划与配置；
（3）培养与企业战略相适应的企业文化；
（4）创建企业的核心竞争力。

企业战略的实施过程包括制订方案、编制预算、确定工作程序等内容，具体如下：

（1）中间计划。它是介于长期战略与行动方案之间的计划。从时间上讲，一般在1~3年之内，从内容上讲，它包括比行动方案更全面的内容。对于一个3年期的企业战略，中间计划就是年度计划。

（2）行动方案。它是对完成某一次性计划的活动和步骤所作的陈述。例如，一个企业选择了产品开发战略，就需要在战略执行过程中为开发新产品制订行动方案。

（3）预算。它是企业在一定时期内的财务收支预算。从企业战略管理的角度看，预算是为了管理和控制的目的而确定的每一项战略方案的详细成本。预算是实现企业战略目标的财务保证。

（4）程序。它是为完成某一特殊行动或任务的步骤和方法所作的规定。这些活动是实现企业战略目标所必需的，因而程序必须在时间、人、财、物等方面满足战略目标的要求。

（二）战略控制

战略控制是将经过信息反馈回来的实际战略实施成效与预定战略目标进行比较，检测二者的偏离程度，并采取有效措施进行纠正，以达到战略目标的实现。战略控制之所以必要，是因为在战略执行过程中会出现以下问题。

（1）产生与战略计划要求不符的行动。这一般是因为个人的认识、能力、掌握信息的局限性及个人目标和企业目标上的不一致造成的。

（2）出现战略计划的局部或整体不符合企业的内外部状况。这一般是由于原来战略计划制定得不当或者环境发展与原来的预测不同所造成的。

战略控制包括以下内容。

1．确定评价标准

战略评价标准是用以衡量战略执行效果好坏的指标体系，包括定性指标和定量指标两大类。

在确定定性评价标准方面，国外提出了以下六种可供参考的标准：① 战略内部各部分内容具有统一性；② 战略与环境保持平衡性；③ 战略执行中注重评估其风险性；④ 战略在时间上保持相对稳定性；⑤ 战略与资源保持匹配；⑥ 战略在客观上保持可行性和可操作性。

在定量评价标准方面，可用以下项目制定出具体指标：劳动生产率、经济效益、产品质量、新产品开发、物质消耗、市场占有率、产量、产值、资金利税率、销售利润率、利润、成本费用等。

企业战略的各项定量标准应该用本行业的有关资料进行比较，特别要与竞争对手的有关资料进行比较，还要与国外同行业领先者的有关资料对比才能确定。

2．实际工作成果

实际工作成果是战略执行过程中实际达到目标程度的综合反映。要想准确掌握成果

的资料和数据，必须建立管理信息系统，并运用科学的控制方法和控制系统。

3．评价工作业绩

在用取得的实际成果与预定的目标进行比较时，会得到如下结果。

（1）超过预定的目标，这种情况称为正偏差。但如果是稳定、协调发展的结果，则是好结果；

（2）与预定目标基本上相符，偏差甚微，这也属于好的结果；

（3）没有达到预定目标，存在明显的负偏差，这是不好的结果。在这种情况下应及时采取有效措施进行调整，必须针对其产生的深层原因采取纠正措施，这样才能真正达到战略控制的目的。

第三节　战略管理的利益相关者

战略目标代表了决策的最高水平，通常由董事会等组织的高层管理人员制定。然而在制定目标的过程中，高层管理者很可能会受到在组织中享有利益的各种不同群体的影响。那么在制定目标的过程中，是谁、什么事情会影响高层管理人员的战略决策呢？这一问题的答案切中了企业到底是谁的企业的问题。

企业到底是谁的企业？对于古典的资本雇佣劳动的企业，这一问题的答案是肯定的。资本（财务资本）的投入者即是企业的所有者，因此，企业的经营应该以股东利益最大化为目标。

但是，随着经营环境的改变和企业的发展，现代企业要比以前承担更广泛的社会责任。企业只注重一个利益相关者——股东的需求就能生存和繁荣的日子已经远去了；只注重两个利益相关者——股东和客户的需求就能生存和繁荣的日子即使还没有过去，也为期不远了。因此，现在以及将来，对企业来讲，能够长期生存和繁荣的最好途径是考虑其所有重要的利益相关者的需求，并且要努力满足他们的需求。

利益相关者，是指任何能影响组织目标的实现或者受实现的组织目标影响的群体或个人（Freeman R.E，1984）。这一定义几乎涵盖了每个与组织利益相关或潜在相关的人。

利益相关者理论认为，股东既不是企业的唯一所有者也不是企业活动的唯一受益人。股东无疑是企业的一组利益相关者，但他们绝不是期望从企业活动中受益的唯一群体。

但是，值得注意的是，利益相关者对组织目标的影响力是不相等的。利益相关者实际的影响力决定于利益相关者拥有的权力（指利益相关者影响组织的能力）和其是否愿意施加影响（兴趣）这两个因素。权力大和兴趣大的利益相关者会比权力小和兴趣小的利益相关者更具影响力。

能够对组织战略目标的制定施加影响的利益相关者群体，有的在组织的内部，有的在组织的外部。

一、组织外部的利益相关者

组织外部的利益相关者主要包括资本市场利益相关者（投资者和债权人等公司主要资本的提供者）和产品市场利益相关者（公司主要的顾客、供应商、所在社区、工会等）。

（一）资本市场利益相关者

作为资本市场的利益相关者，投资者都期望公司能够使其投资保值并升值。假如投资者对公司不满，他们就会对以后的资本投资提出更苛刻的要求。投资者可以通过多种方式表达他们的不满，如抛售股票等。当公司意识到资本市场利益相关者潜在或实际的不满时，就会作出反应。但是反应程度会受它们相互之间的依靠关系的影响。依靠关系越紧密、越重要，公司的反应会越直接、越迫切。

（二）产品市场利益相关者

顾客、供应商、所在社区和工会等团体都会从激烈的企业竞争中获得利益。例如，根据产品和行业特性，市场竞争会为顾客带来物美价廉的产品，而公司则会付给供应商较高的价格，因为公司愿意以高价换取能带来竞争成功的物品和服务。

作为利益相关者的顾客往往要求价廉物美，而供应商则希望找到愿意出高价的忠诚顾客。社区希望公司能够长驻此地以提供税收收入，但是，社区不希望公司提出过多公共支持服务的要求。工会人员关注的是为工人寻求稳定的工作和舒适的工作环境。由此，当公司的利润只不过最低程度满足了资本市场利益相关者时，它却能基本满足产品市场利益相关者。

在一个竞争的商业环境中，所有的产品市场利益相关者都是至关重要的。因此，尽管资本市场利益相关者的能力可以决定公司的实力，但是，许多公司都非常重视顾客。

二、组织内部的利益相关者

组织内部的利益相关者主要有组织内部的战略决策者（董事会等高层管理者）和战略实施者（中下层管理者和员工）。

（一）战略决策者

战略决策者主要是指在公司战略层次的责任者——高层管理者。通过企业战略计划

旅游企业战略管理

的确定，企业高层管理者为自己的企业选择正确的时机、设定正确的方向、按照正确的顺序、运用最高效率的方法去做正确的事情。战略决策者对公司能否获得预期的战略目标起着关键作用。不难理解，工作勤奋、思维缜密、诚实可信、追求卓越、具备常识等特点是成为成功战略决策者的前提。战略决策者在进行战略决策时最大的特点就是需要具有企业家精神。企业家精神主要体现在企业战略制定中，就是要使企业不断地追求卓越。这意味着战略决策者要努力维持创新精神和进取精神，不断探索和把握新的市场机会，改进和开发新的产品和服务，寻求满足顾客需要的更好的方法，随时准备应付来自环境和竞争者的威胁，使企业在市场竞争中始终处于不败之地。同时，还需要正确地、不失时机地决定企业应当放弃哪些业务、保留哪些业务、开发哪些新的业务，以及采用正确的方法对企业的业务进行调整，将企业的资源从低收益或收益下降的业务部门转移到高收益或收益增长的业务部门，使企业的资源得到最合理的利用，以取得更好的经营效益。

优秀的战略家会告诉他人一个远景目标，以帮助公司创造竞争优势。

（二）战略实施者

战略实施者是指企业中下层管理者和员工。他们在企业的运作中承担不同的职责，在不同的岗位各司其职、各负其责、恪尽职守，上下级密切配合、和谐协作。

制订一个完善的企业战略计划，绝对不是为了束之高阁。贯彻落实战略计划，并取得预期效果，这是战略实施者的重要职责。

第四节 战略管理的意义

哈佛商学院终身教授迈克尔·波特曾经说："战略是一个企业成败的关键。"

战略管理这一新的管理科学最初是在美国兴起的。它在西方发达国家运用得比较普遍。但是，在我国，人们对这门科学的意义缺乏深刻认识，存在不少糊涂甚至是错误的观念。例如，认为战略管理"太远""太空"，"远水解不了近渴"；认为战略管理是"政府的事"，"与企业关系不大"；认为战略管理是"摆形式""走过场""没有什么效益"等。总之，可以归结为一句话，即战略管理可有可无，没什么用。

但是，很多研究表明，运用战略管理观念的企业比那些不采用战略管理观念的企业更能盈利，更容易成功。

企业制定并实施战略管理，对企业发展的重要意义在以下几方面。

（1）企业是一个由若干相互联系、相互作用的局部构成的整体。由于企业确定了未来一定时期内的战略目标，从而使企业的各级人员都能够知晓企业的共同目标，进而可以增强企业的凝聚力和向心力。战略管理使企业和各部门的战略性活动优先得到实施,战略的全局性使企业人员能主动考虑到与其他部门进行决策协调,从而有助于培养员工的整体观念。

(2) 由于企业明确了未来各个阶段的工作重点和资源需求,从而使组织机构设计和资源整合更具有目的性和原则性,进而可以保持组织机构与战略的匹配性,以便更好地优化资源,有利于实现资源价值最大化。

(3) 由于企业明确了未来一定时期内各区域公司(包括本地和异地项目公司)、各业务单元的职能战略,从而使各职能部门、各项目组织都能够清楚地了解自己该做什么,进而可以激励他们积极主动地完成目标。

(4) 高层管理部门能够根据战略需要在各部门之间合理分配资源并以战略目标的实现情况为依据对资源的使用效率进行监督和评价。使企业不仅能随竞争对手、顾客和技术等环境的变化做出反应,更能具备影响市场环境,进而主动影响市场环境变化的能力。

(5) 由于企业明确了企业的利益相关者、竞争者和自身的优势、劣势、机会、威胁,从而使企业可以从容地应对机遇诱惑和市场变化,有利于企业改进决策方法,提高风险控制能力和市场应变能力,进而提升企业的竞争力。战略管理能够促使企业找到自己的竞争优势,同时也能够使企业采取相应的措施来保持竞争优势的持续性,持续的竞争优势就是企业核心竞争力的体现,因此,战略管理有助于企业提高核心竞争力。

(6) 实施战略管理也是企业创新的需要。科学技术快速发展,企业需要利用先进的科学技术不断地创新,因此也就需要有良好的战略来支持企业的创新需要。

企业制定战略并实施战略管理既有利于企业的可持续发展,也有利于行业的可持续发展,实施战略管理体现了对企业和行业的负责精神。"三年发展靠机遇,十年发展靠战略",因此,企业要想谋求长远发展,基业长青,真正做一番事业,必须重视战略管理。

本章案例

半生激情与梦想[①]

孙正义

20岁创立自己的公司;30岁赚到上亿美元的钱用于投资;40岁选一个重要的行业,

---

① 亚洲首富孙正义:半生激情与梦想[EB/OL]. http://www.lz13.cn/lizhirenwu/4595.html.

旅游企业战略管理

然后把重点都放在这个行业上,并在这个行业中取得第一;50岁,实现梦想,公司收入超过100亿美元;60岁把接力棒交给接班人,退休。我是孙正义,我的人生一直是按照我的计划在走。

一、我的一生按照我的计划在走

大概30年前,我创立了软银公司,当时我没钱,没有经验,也没有生意上的关系,有的只是激情,还有一个成功的梦想。我要成为在日本甚至全球非常成功的人,提供新技术,给人们提供新的生活方式,我希望通过电脑以及后来的因特网的力量,来实现我的梦想。

30年前,我曾经一无所有,但现在我们公司雇用了两万多名员工,过去十年的收入达到260亿美元,有几百个互联网公司,我不断地实现了自己的梦想。

我19岁在美国求学,在杂志上看到了微型电脑的图片,当时非常吃惊,我觉得这就是未来所在,这将会改变人们的生活方式,会改变人类的历史。所以我就想,我一定要把我的一生赌在我的微电脑上。今年我已经50岁了,但是这个热情从来没有改变过。我对我的人生做了50年的规划:20岁创立自己的公司;30岁赚到上亿美元的钱用于投资;40岁选一个重要的行业,然后把重点都放在这个行业上,并在这个行业中取得第一;50岁,实现梦想,公司收入超过100亿美元;60岁把接力棒交给接班人,退休。

我的人生一直是按照我的计划在走,在这个过程中,什么是最重要的呢?我一直不断地对自己重复:最重要的是精神,你得有激情帮助社会、帮助人们,这会给我们带来最好的结果,我们不是为了钱,也不是为了其他的东西。然后要有一个愿景,我的愿景就是跟电脑、互联网连在一起,它们会成为强有力的工具来帮助人们。

二、如何去成功,如何实现愿景,如何去贯彻精神,我有非常具体的战略

回到我19岁的时候,我有许多想法,我有一个单子,上面写了25个理想,包括我想成立什么样的公司,都在这个单子上。接下来我要把我的力量灌输到哪里去呢?一旦有了目标,我就要全心全意实现它,那就是软银。每个人都可以制订这张清单,每个人都可以有自己的愿景,一旦你决定好了就一定要全心全意去做,因为这并不是一件简单的事情。

成功不会在区区几年之后就降临,而是需要多年的努力,所以我觉得大家应该准备好自己的清单,选择好自己的人生该怎样走,然后全心全意做你决定好的事情。每当我有一个新的理念,并说出这个新理念的时候,很多人都会说,这个点子不错,但是我们没有足够的钱,我们没有足够的技术,我们没有足够的客户,这个市场还没有准备好。

我们就一点一点先做起来吧，我们先做一点今天能做的事情，这个方法是不错，是比较安全的一个方法，也是大部分人会选择的一个方法。一步一步去走，99%的人会这么做，但99%的人只会取得一般性的成功。

三、按部就班不是我的风格

我的方法是完全不一样的，我的方法风险比较大，也很困难，和一般人的方法完全相反。

我的方法第一步是要有一个非常大的愿景和梦想，如果成功，可以彻底改变世界，改变人们的生活方式。然后我再决定，我需要多久实现这个愿景，是10年？还是30年？我要先确定一个具体的日程表，用多少年实现这个目标。

接下来我再倒推回来，一直回推到今天，从30年后推到20年后，从20年后推到10年后，从10年后推到1年，所以我不是一步一步按部就班地去想，这不是我的风格，我的风格是把这个目标定好，非常庞大的愿景，然后再回推到今天。这就是我的风格，年轻人有很大的激情，如果想在人生中取得巨大的成功，不妨考虑我的这个方法。

即使拥有大的梦想，我也是一步一步走过来的，我先是从电脑行业中的小领域开始做起，但是我始终坚持一点：即便这是一个很小的领域，很少有人看好它，很少有客户能做生意，我也要做到第一，我一直要做到第一才满意。所以我也建议年轻的企业家要找到一些领域做到第一，你只要成为第一，人们就需要你。不管是在一个很小的行业，很小的人群，很小的领域，都不要紧。既便你现在是很小领域里的第一，某一天你会成为一个大行业的第一。

接下来的10年我有两个目标：

第一，让软银成为世界上排名第一的移动互联网公司，不仅仅是第一的移动公司，而且是移动互联网公司；

第二，让软银成为亚洲排名第一的互联网公司。

为什么软银要收购移动运营商呢？因为我相信，过去互联网是把电脑互联在一起，但是在不远的将来，移动互联网会比电脑的互联网业务更大。手机的速度、屏幕在这几年都有了极大的改善，速度增长了375倍，屏幕分辨率达到了原来的24倍。我有一个雅虎移动门户网站，访问量在过去两年内增长了100倍。在日本，通过手机下载的音乐量比通过电脑下载的量高出10倍。一年之前，通过电脑访问SNS网站mixi的量还占到了90%，但现在电脑已经占不到40%，60%是从手机访问了。

我想在世界其他地方，也会是这样的一个趋势，过去我们是从美国那里学习的。美

国的网络技术,远远超过任何其他国家,但对于移动网络来说,日本正在利用新的技术,打造一些新的环境,我觉得在世界其他国家也会发生这样的情况。那么软银是什么样的商业模式呢?很多人都说软银是非常好的投资公司,软银运气非常好,因为它对阿里巴巴、雅虎都做了成功的投资。的确如此,我们非常幸运,软银非常幸运。

那么我们的商业模式是什么呢?以我非常尊敬的沃伦·巴菲特先生为例,他投资了可口可乐、麦当劳,还有吉列等,这些投资都非常成功,有非常好的回报。他也拥有一个保险公司,他拥有保险公司100%的股份。这个保险公司给他提供了非常好的现金流,他利用保险公司生成的现金流不断加大投资,这些投资也给他带来了非常好的投资回报。

我们软银也是这样,我们也有自己运营的移动公司,有宽带公司,我们拥有雅虎日本等。它们给予软银非常好的现金流,这样才能投资非常好的公司,像雅虎、阿里巴巴和其他非常好的公司。我们投资了八百多个网络公司,也给我们带来了非常好的回报。

在四五年之前我们还是亏损的,但是现在利润已经达到了60亿美元。我们在过去十年当中,做了30亿美元的投资,回报大概是260亿美元,投资回报有九倍之多。我觉得对于网络投资来说,也许我们是全世界投资回报最好的大公司了。我们只投资到网络公司,十年前我投资美国网络公司,五年之前我关注日本的网络公司,今天我关注中国公司和亚洲公司,我们非常幸运地投资了阿里巴巴、雅虎。

现在我最大的兴趣就是投资亚洲公司,中国给我们提供了最多的机遇。我希望能够帮助那些小的年轻网络公司,只要你们有热情、有梦想,我愿意来支持你们,希望能够和你们一道成功。

几年之前,美国人当中50%使用因特网,他们占全世界网民的50%。在今后的几年,美国在这方面的重要性将会降低,中国的宽带规模已经成为全球最大的,超过了美国。亚洲的网民人数将会占到全球的50%,美国网民人数只占12%。现在所有最成功的网络公司,都是美国公司,但是在不远的未来,很多中国网络公司将会成为全球最大的网络公司,你如果不能在中国做到最大,你就没有办法在全球做到最大。我希望能够帮助年轻的中国网络企业家,只要你们有非常伟大的愿景、非常强烈的热情,我打心底里愿意帮助你们,因为我渴求成功,渴望成功,渴望和你们一起成功!

案例讨论题

1. 你认为孙正义之所以成功的根本原因是什么?
2. 孙正义给你的最大启示是什么?

本章思考题

1. 简述企业战略的定义及特征。
2. 简述企业战略的层次。
3. 简述战略管理的定义及特征。
4. 企业的战略与战略管理有哪些不同?
5. 简述企业的战略管理过程。
6. 什么是企业的利益相关者?简述常用的利益相关者的分类方法。

第二章 旅游企业战略管理的特征

旅游企业是以旅游资源、设施为条件，为满足旅游者在物质、文化上的享受，提供食、住、购、行、观光、游览、娱乐等方面综合性服务的企业。旅游企业业务范围的广泛性和综合性，决定了旅游企业的经营活动除同其他行业有许多共性之外，还具有自身的显著特点。这些特点有些是旅游产品作为服务产品的特点，而有些则是旅游行业独有的特点，这些特点会影响旅游企业战略管理的决策。

通过本章的学习，读者能够做到：
- ◇ 了解旅游产品与旅游行业的主要特征；
- ◇ 认识到新世纪旅游企业战略管理面临的挑战。

第一节 旅游服务的特征

旅游企业是旅游经济活动的重要角色，是旅游市场的重要组成部分。广义的旅游企业泛指为满足旅游者吃、住、行、游、购、娱等需求而经营的所有企业；狭义的旅游企业特指旅行社、酒店、餐馆、景区景点、旅游交通、旅游商店等企业。旅游企业与其他类型的企业一样，除具有经营上的自主性、组织上的完整性、经济上的独立性，以及对外关系上的法人地位等基本条件之外，还具有本身固有的一些特征。

一、旅游产品作为服务产品的特征

旅游业是服务业的一种，旅游企业提供的大部分产品是无形的服务产品。无形的服务产品在很多方面不同于一般制造业的有形产品，其特征有以下五项。

1. 无形性

服务产品与有形产品不同，是无法看到、摸到、嗅到或尝到的，也是难以描述、测量或标准化的，它只是一种体验。至于服务的好坏，只能根据体验者的主观标准来判断。服务产品的这一特点决定了服务产品是无法衡量其尺寸大小或者预先放在货架上以供销售。

旅游企业的大部分产品也不是有形的实体，而是由"无形"的服务组成的集合体。

这个特点为旅游企业带来很多不便。为了克服这种不便，旅游企业的经营者试图提供"有形"产品以便消费者能够感觉得到他们的产品。例如，旅行社通过网络对其无形产品进行营销，这样可以减少游客购买产品时的不确定性。同样，旅行手册也有助于克服这种不便，这就是为什么旅游经营者肯花费大量的时间、金钱和精力来设计旅行手册的原因。

2. 生产与消费的同时性

生产和消费的同时性是指服务体验与服务提供是同步的。它表明产品在开始生产的同时消费也即可启动，消费结束时生产也不再进行。

当人们购买经过包装的制造业的有形产品时，消费者可以通过产品的特点（味道、大小、规格等）对产品进行评价。经营者也就有时间从这些方面计划和设计产品以确保消费者满意。在这种情况下，消费者是不太关注产品的生产和提供过程的。

但是，服务产品就不同。当顾客在某家香格里拉饭店登记入住的时候，顾客就开始体验一系列的服务过程，这些服务过程汇总起来构成了被称为"热情好客亚洲情"的香格里拉的总体体验。毫无疑问，这些体验都不是事先生产出来，储存好并等顾客到来时为顾客提供的，顾客只能在服务产品生产的时候接受并体验它。因此，服务业中出现的错误很容易显现并且需要立即进行补救。

3. 顾客参与性

在服务企业中，顾客参与服务的生产与交付过程，并成为服务的一部分。实际上，在旅游业的大多数场合中，顾客是一个合作生产者，顾客必须在现场接受服务。顾客参与服务产品的生产过程使得服务提供者很难做到最大限度地控制服务体验的质量。为了防止由于顾客的参与而产生的不确定性因素，很多企业尽可能多地排除因顾客参与而产生的可变性因素。例如，快餐店有触摸屏式菜品选择的点菜设置，以防止由于顾客可能会在选择菜品时犹豫不决而减慢点菜交易过程的现象出现。同样，饭店企业也发现在"房间内"设置结账设施有助于提高在这方面的服务速度和服务水平。在这些例子中，顾客的参与有助于服务提供者确保整个服务传递过程更加前后一致和更加平稳。

由此可见，在服务行业若想让顾客满意，要比制造业困难得多。在旅游企业中，做事要求及时准确，任何失误都可能会导致失去未来顾客。服务人员如何在顾客面前表现自己，该说什么，不该说什么，个人能力如何等都会影响顾客的回头率。

4. 不可储存性

服务产品由于生产与消费是同时进行的，因而不能储存。如果服务在生产过程中未被销售，就意味着失去了这部分价值。例如，火车上的空车座，酒店的空客房或者未出售的假期等都意味着失去了收入，并且失去的这部分收入是永远也得不到补偿的。酒店的空客房不能像一般商品那样被有效地储存以备将来出售。

换句话说，旅游企业的存货是极易过期的，几乎没有储存寿命。新鲜的产品只有有限的寿命，有些产品如汉堡包，只有几分钟的寿命。因而，旅游企业在决定产品或服务的生产量时面临着独特的挑战。在一个需求时刻变化的消费者市场上，这个问题尤其不好解决。

5．异质性

制造业提供的有形产品是具有同质性的标准产品，而服务产品则不同，无形的服务产品之间多数情况下是不会相同的。例如，连锁酒店集团里的一家酒店，或者说一个人的假期，与其他酒店或另一个人的假期相同的可能性不大。提供服务的过程中，人的因素和其他因素决定了服务的异质性，即服务的多样性。

旅游产品是以人为中心的，人的因素起决定性作用。旅游者从度假产品中获得的愉悦程度与参与这一产品的服务人员的个性有密切的关系——这些人包括旅行社的雇员、机组成员、饭店的员工、旅行社的导游等，当然也包括旅游者本身。所有这些人对产品是否能够满足游客的期望起着很重要的作用。因为人的行为本身具有易变性，所以旅游企业很难保证员工是否始终与顾客保持良好的关系。同样，旅游企业也不会干涉顾客（旅游者）的行为。而顾客的态度和行为也会影响其对旅游产品的满意程度。这说明在旅游产品的生产过程中存在着不可控的会影响旅游者对旅游产品满意度的因素。

在很多情况下，旅游者实际上是被旅游业的这种异质性所吸引的。如果旅游目的地都是一个模式的话，那么旅游者会觉得很乏味。但就是这种异质性使潜在的消费者很难评估服务产品，也使经营者很难控制产品质量的一致性。

从以上阐述的旅游产品的一般特征中可以看到，旅游企业或者说服务企业的战略管理需要体现旅游业或服务业的特征，要与产业属性密切结合。而目前，在战略管理领域中，其研究主要是针对制造企业环境的。其研究成果，对理解战略管理这门学科有很大帮助。但也必须认识到由于旅游业的属性与制造业有非常大的差异，这些知识并不能直接运用到如酒店、餐馆等旅游企业中。

二、旅游业的行业特征

要进一步说明制造业战略管理理论不能直接应用于旅游业，很重要的一点就是要理解制造业与旅游业两大行业之间在需求、供给和技术方面存在的本质差异。

1．旅游需求具有季节性

旅游产品的需求具有季节性。布尔（Bull，1995）指出："在消费者的商品需求中，对旅游商品的需求是属于那种与季节性因素高度相关联的一种。比起对圣诞卡或空调的需求而言，它属于受季节性影响比较小的需求；但是和其他高档的个人消费品的需求相比，它又属于受季节性影响比较大的那种。"季节性特征主要是由气候引起的，但也受学校假期、节日和传统的旅游方式的影响。旅游产品需求的季节性导致了旅游企业现金流入和流出的季节性。因此，在整个年度的某些时期，公司将会有大量的可用于投资的剩余资金；而在其他时期，公司为了支付供应商的应付款项不得不向银行借款。

2. 旅游消费是一种高端消费

旅游产品对消费者而言通常代表了一项相对高的支出。例如，对于去度假的旅游者来说，购买一张飞机票或者入住酒店都是十分昂贵的消费。实际上在某些情况下，对于一个消费者而言这样的消费将会是他在这一年中最大的一项支出。因此，旅游者在购买旅游产品之前一定要进行大量的选择比较，即这种消费不会像购买一种简便的消费品那样具有随意性和冲动性。旅游产品的这种特征对于旅游企业制定战略，尤其是制定市场营销战略具有非常重要的意义。

3. 旅游行业内部企业之间具有很强的依赖性

旅游行业一般被认为是由住宿、旅游吸引物、交通、旅游的组织者和旅游目的地组织构成，并且每个部分都可以进一步分解成几个分支部门。它们虽然在不同领域进行经营活动，但需要说明的是，这些部门都是相互联系和依赖着的，即它们之间具有很强的依赖性。例如，提供住宿的部门依赖交通部门为他们运送顾客。同样，交通运输和提供住宿的部门都依赖旅游组织者提供顾客给他们。

如果其中一个部门没有能提供很好的服务，那么对其他部门就有了连锁影响。例如，一个旅行社组织的一个度假产品里包括飞机上的座位，人们对这次度假产品质量的评价将部分依靠航空公司服务质量的好坏，而并不会去考虑这个旅行社是否能直接控制航空公司的经营活动。

因此，20世纪90年代后期，国内外很多旅游公司实施了"垂直一体化"战略。通过这种方式整合以后的一个公司既可以向旅游者出售旅游产品，又可以运送游客，在某些情况下还可以提供住宿。

4. 旅游对社会产生很大影响

旅游被定义为把人们（经常是大规模的旅游者）从他们的居住地运送到目的地的活动。在这一过程中旅游对社会产生的影响应该说是独特的。这一影响是非常宽泛的和有争议的，对其所作的讨论通常聚焦于对旅游目的地的影响上，但是旅游对客源地也会产生一定的影响。

任何关于旅游效应的讨论通常集中于所谓的"大众旅游"所产生的影响。大众旅游被定义为："大规模的标准化的休闲服务组合以一个固定的价格出售给大量的旅游者的

现象。"（Poon，1993）

如今，面对旅游市场营销的关键问题之一就是大众旅游能发展到何种程度。普恩（Poon，1993）在其著作《旅游、技术和竞争战略》中指出，"新旅游"正在兴起，这种"新旅游"兴起的迹象包括：

（1）日益增长的对"独立性"的需求，而非包价旅行；

（2）日益增长的对选择性和灵活性的需求；

（3）信息技术，如计算机预订系统（CRS）和因特网的普及允许消费者直接与旅游公司和旅游组织联系，以便消费者可以更加灵活地安排自己的旅游活动，并从这种方式和包价旅行中做出选择；

（4）传统的"追逐阳光"的包价旅行业务的增长率正在逐渐下降；

（5）旅游目的地国家，正在逐步加强环境规划并且控制旅游者的数量；

（6）旅游市场日益细分化，以便满足不同生活方式的需求。

（7）旅游者的旅游行为和旅游动机随着越来越短暂的休息和活动导向的旅行而改变。

以上关于旅游效应的讨论，对于旅游企业的管理者的意义如下所述。

第一，现代消费者对于他们所消费的产品的影响已经变得非常敏感，如旅游企业所用的清洁剂是否会对环境产生影响，或者旅游企业对旅游目的地是否产生了影响等。为了更好地管理他们的旅游产品，旅游企业的管理人员必须对这些过去经常被忽视的问题给予足够的重视。

第二，旅游企业管理者应该意识到，大众旅游市场正在发生着变化。消费者变得更加有知识、有经验，更加老练和难以理解。管理者们必须研究并试图理解这些改变。而且，在旅游业日益激烈的竞争中，他们也必须设计出能够迎合这些变化的产品，然后以合理的定价对其进行促销和分销。

5. 旅游业容易受外部环境的影响

旅游业受外部环境的影响程度大大超出了企业内部的控制范围。战争、飓风、恐怖袭击、污染、敌对的公众或者偶发事件对旅游业都会产生明显而迅速的影响。例如，2003年的SARS导致当年我国旅游业发展速度严重减缓。2001年9月11日，发生在纽约、华盛顿的恐怖袭击事件对旅游业也产生了同样的影响。一般来说，管理者不能直接预测此类事件的发生，这就需要他们能够估计旅游业易受的风险，作好应变计划，以便在必要的时候能够及时、准确地做出反应。

再如，大部分旅游企业一般都是在国际环境中开展其经营活动的，它们的经营活动带来了各种不同货币资金的国际间流动。与规模相当的其他经济领域内的公司（如制造业企业）相比，旅游企业的经营活动更容易受外汇汇率变化的影响。这些旅游企业的目标决定了它们是属于国际性的企业，这也就使它们自己完全暴露在与外汇交易相关的国际性的风险中。

任何一个在国际大环境中开展经营活动的旅游企业的盈利水平都会受到外汇汇率变化的影响。正如 Lockwood 在 1989 年所说的，"由于旅游行业的大部分业务是说服并协助人们跨国界购买以外币标价的商品和服务"，因此能否有效地管理汇率风险，将直接关系到旅游企业的盈利水平。

第二节 新世纪旅游企业战略管理面临的挑战

一、全球化对旅游企业战略管理的挑战

全球化是指经济创新在全球的传播及相应的政治和文化传播。全球化大大带动了国际间的合作。市场经济的全球化在为旅游企业带来一种切实的经济利益的同时，也带来了不少挑战。

首先，全球市场经济的发展，使得旅游企业在获得投资资本方面的竞争更加激烈。例如，香港希尔顿酒店在花费了几百万美元进行酒店的更新改造后不久就转向商业不动产，这表明了投资领域竞争白热化的现象。在高增长的经济环境下，资本会更频繁地从增长缓慢的领域中撤出，流向那些能带来更高回报的投资领域。

例如，在整个 20 世纪 70 年代，美国资金雄厚的投资者们采取各种措施收购了当时正处于增长阶段的旅游企业，并以此来满足股东对更多增长和更高回报的需求。但是，这些过去资金雄厚的企业现在正在剥离这些他们曾经引以为豪的收购物。原因固然有很多，但最主要的还是资本的回报率。投资者们普遍认为，旅游业这一成熟的市场，资本的回报率太低。因此，如何吸引资本来支持行业的发展，这将是旅游企业面临的一个重大挑战，也将给旅游企业战略管理的实践带来很大的压力。

其次，全球竞争使很多领域提高了要求，如产品或服务的质量，这些标准不是静态的。为了迎接这种标准不断提升的挑战，企业必须提高竞争力，而员工则必须锐意进取。因此，在竞争格局下，只有那些达到或超过全球标准的企业才会获得竞争优势。

最后，在全球化的背景下很多旅游企业已经全面进入国际市场。出现的局面是国际投资来自不同地区，也投向了不同地区。然而这些投资也有风险。最近的研究表明，当企业开始进军国际市场时，假如进入过多不同的地区，就会遇到更多的问题。因此，即

便是对经验丰富的公司来说，要进入国际市场，也必须进行周密的计划，精心挑选适当的市场，并在这些市场采取最有效的战略来开展成功的运营活动。

开发全球市场对有些企业来说是最有吸引力的战略手段，但并非唯一的竞争优势。事实上，对大多数企业来说，即使是那些有能力参与全球竞争的企业，最关键的也还是立足于当地市场。在竞争的环境中，企业应达到最理想的全球化的状态，也就是最恰当的国内市场和国际市场的平衡。

二、旅游者对安全和保障的需求对旅游企业战略管理的挑战

相比过去，如今动荡不安的社会环境使旅游者更多地承担着人身安全和健康方面的潜在风险。在宏观层面上，产生这些疑虑的最主要的原因是世界范围内越来越猖狂的恐怖主义对旅游的影响。恐怖主义从本性上来说是暴力的无目标袭击，这些恐怖活动在短期内会大量减少所波及地区的旅游活动。

跨国组织和政府一直在想方设法解决这个问题，但饭店与旅游服务的提供者们还是必须经常调查情况以保护顾客。对于那些位于事故多发且反复无常的地区的饭店，保障客人的安全成为关键问题，它使管理者在创造一个"安全的天堂"方面肩负更多的责任。

随着人口增多、人口老化、基础设施落后、资金日益缺乏等问题的日渐突出，政府用来抵制恐怖主义的资金越来越有限，旅游企业也不得不自己追加这一方面的投资来提供顾客期望得到的安全和保障。

随着艾滋病、禽流感、非典及乙肝病的传播，今天的顾客经常会问："我能从危及个人健康的威胁中获得多少安全保障？"目前的休闲旅游者在选择目的地时，会越来越多地考虑水污染和空气污染问题。很多全球性机构都在努力解决健康问题带来的挑战，饭店与旅游服务业也是如此。

由于政府的稳定性决定着它能否确保国内和平并给国家提供保护，因此稳定永远是一个不容忽视的重要问题。除了社会问题外，政治不稳定也会导致旅游者及旅游收入的流失。无论这种不稳定是由革命、统治权问题还是由经济混乱引起的，商务旅游者和休闲旅游者的利益都应该得到全面保障。由于饭店经营者无法解决宏观问题，因此在做出或放弃投资决策前都应该考虑政治稳定性问题。

宏观问题最终会影响到个人。虽然恐怖主义和健康问题是国际性的宏观问题，但是却也极大地影响了商务旅游者和休闲旅游者的旅行决策，因为人们是从个人的角度来看待这些问题的。完善的饭店和客房保障措施，对"绿色客房"的日渐偏爱，饭店、飞机或餐馆的空气质量，以及对生产食品和与客人接触的员工健康的关注，都给旅游企业的

管理者提出了越来越大的挑战,他们必须设法消除顾客的疑虑,让顾客相信自己的安全没有问题。

微观方面还涉及旅游企业资产的管理和保护。管理者必须确保设施的完整,不受政治不稳定带来的潜在风险的影响。获得必要的经营亏损保险和投资损失保护,已成为整个旅游企业投资者和管理者们要做的重要战略决策。

三、技术创新对旅游企业战略管理的挑战

在过去的 20 年间,技术进步和技术应用的速度大大加快。对于新世纪建立起来的旅游企业来说,技术正发展成为最重要的竞争优势。随着信息高速公路对行业生产力控制的影响日渐加深,管理者必须学会利用这种新的手段更好地营销产品和服务。技术将逐步渗入到顾客服务、信息管理和饭店设计中,并在已有的产品和服务基础上开发出新品种。很多跨国公司都在技术竞争上投入巨资,并且这种状况还将继续下去。由于投资者们期望以有限的资本获得较高的回报,因而企业若要调整自身以适应更高的人力成本(在劳动力密集型产业)和资本成本,就必须学会熟练运用技术。

技术管理信息系统和决策支持系统——资产管理、收益管理、数据库营销和管理会计系统的出现改善了管理控制及其效果和效率。对专家系统(人工智能的一种基本形式)的广泛运用有助于企业减少对人力和管理的依赖。例如,以前通常记录在过时的手册中的标准操作程序,现在运用专家系统技术可以一天 24 小时在线获得,这样就不需要企业员工时刻处理技术问题。通过适当的定价使每个客房收入最大化的收益管理系统便是在规模缩减的企业中有助于管理者做出重要决策的例证。

技术在支持顾客服务方面运用得越来越多,使用专家系统技术的电子接待员,通过在客房里和饭店的公共区域甚至用网络提供信息来帮助或取代人工接待员。其他技术支持的顾客服务如登记入住和结账离店、客房和走廊的安全保卫、房内环境控制、与外界的通信等也正在开发并将成为主要的竞争武器,从而促使日益个性化的客人能更好地控制他们自己的旅行环境。

技术正成为日益流行的"整洁的客房"中一个必不可少的成分——在这里顾客的每一个需求都能得到满足,由系统控制着室温、空气纯净度和音量,与电脑相连接的传感器控制着这些功能,以最小的成本为客人提供最舒适的环境。越来越多的商务客人要求有连接顾客与外界的通信端口,他们需要经常与公司保持联系。能提供这些条件并能使饭店设计符合商务顾客的需要,毫无疑问会获得更大的竞争优势。

可以预见,伴随着劳动力的短缺和成本的提高,有代表性的饭店组织会将技术融入

经营的各个领域，在新企业结构中工作的员工将拥有更多的技术知识，并知道如何使顾客满意度最大化。这个要求将导致更高的每单位劳动力成本出现。

技术将促使今天的人们对旅行体验产生新的理解。对于那些受工作和生活方式影响不可能在遥远的外地长时间逗留的人来说，"虚拟现实"可能会取代他们出国旅游的需求。同样，远程通信技术的发展偶尔也会取代商务旅行的需求。电视会议发展得如此迅速以至于很可能会瓦解长途旅行去洽谈商务的需求。很难预料这些技术上的进步还将带来什么影响，但它们的意义是深远的，旅游企业管理者必须将它们与战略决策过程整合在一起。

通过环境控制和顾客保护工作，技术在提供安全健康的环境中扮演着越来越重要的角色，而监控环境变量的技术进步和用细菌来破坏环境中有害因素的生物技术的进步，也使得水质和废物处理程序更加完善。能充分利用这些发明的旅游企业，也会在那些关注安全的顾客方面获得竞争优势。

随着发达国家由工业时代过渡到信息时代，技术将继续改变人们的生活方式。在信息时代，无论人们旅行到哪里都能发现新的生活方式。在当今快速变化的情况下，企业不能坐失良机。今天，它们不仅必须对所瞄准的机会进行投资，而且要投资于能帮助企业监控变化并能对顾客期待的变化施加影响的系统。

四、知识经济对旅游企业战略管理的挑战

知识经济和转型经济的发展也同样改变着全球竞争格局，并大大增加了全球市场的竞争性。知识（信息、智能、经验等）是技术及其应用的基础。在21世纪的竞争格局下，知识是一项关键的组织资源，并且越来越成为战略优势的重要来源。基于此，许多企业都尽全力积累员工知识，从而将其转化为公司资产。有人宣称，无形资产的价值，包括知识，已开始成为股东权益的一部分。要想在21世纪竞争环境下夺取战略竞争力，旅游企业必须学会掌握智能，并懂得如何将其转化为可用资源，迅速在整个企业内进行传播。

战略灵活性是指企业用来应对不断变化的竞争环境所带来的各种需求和机遇的一系列能力。在21世纪的竞争格局下，旅游企业应在运营的各个领域中拥有战略灵活性。为了获得战略灵活性，旅游企业必须发展组织储备力量。储备资源可以为企业提供灵活性，以备环境变化之需。当变化很大时，企业还要进行战略方向的转移，这种转移可能会大大改变企业的竞争战略。要达到永续的战略灵活性，旅游企业必须具有学习能力，只有不断地学习才能为企业提供最新的知识，企业才能适应新的环境。

要想在未来日益复杂和动荡的旅游行业中取得成功，旅游企业的管理者们除了具有

传统的管理能力外,还需要提高智力和毅力。在这里最具挑战性的也许是管理者应具备理解能力和控制变化速度的能力。要做到这两点,管理者必须成为"打破边界者",能够在时间上注意内部经营和外部环境的平衡,以便将重要的趋势整合到日常经营决策中。在这个过程中,管理者必须学会识别重要的事件,评估关于这些事件信息的质量并估计这些事件对企业的影响程度。

去哪儿网:成立智慧旅游营销中心,VR、大数据齐助阵[①]

2016年6月24日,去哪儿网在京召开发布会,宣布成立"智慧旅游"营销中心,基于独有的技术优势、大数据分析能力,以及强大的线下网络,为国内外目的地和旅游机构提供专业一体化解决方案。千岛湖风景旅游委员会、新西兰旅游局等机构作为首批入驻的签约商业伙伴代表在现场完成签约仪式。

本次发布会现场去哪儿网、五洲传播中心、二外旅游管理学院还同期达成了战略合作,标志着去哪儿网智慧旅游营销不仅局限于提供旅游行业内的服务内容,还将为旅游目的地引入VR+旅游、大数据营销等一系列更具深度和广度的体系化合作模式。

去哪儿网度假事业部CEO高兴表示:去哪儿网成立智慧旅游营销中心的初衷,不仅是整合资源、搭建目的地线上传播通路、构建目的地与用户实时互通桥梁,更希望利用先进技术,助力旅游目的地产业结构升级,探索互联网+旅游目的地营销之道。

一、智慧旅游5大服务标准,打造线上+线下营销服务闭环

在供给侧结构性改革的大背景下,旅游被提升到了前所未有的高度。站在大众旅游时代风口下,互联网必将是旅游产业发展的助推器。去哪儿网作为旅游产业链中的一分子,背靠中国领先的无线和在线旅游平台,拥有高达10亿移动客户端激活下载量,将依托自己产品、平台、大数据方面的核心能力,和政府、旅游局合作伙伴携手并进,助力旅游产业智慧升级,为中国数亿用户提供全方位优质旅游服务。

当前,中国旅游市场高速发展,互联网与旅游产业互通互联高效融合。如何有效运用互联网思维,挖掘千禧一代旅游需求引爆热点消费,怎样通过创新技术、创意玩法,

---

[①] 去哪儿:VR助力发展,成立智慧旅游营销中心[EB/OL]. (2016-06-24). http://www.pinchain.com/article/79740.

拓展目的地与用户之间的边界优化旅游体验，已经成为行业不可忽视的问题。去哪儿网在本次大会上发布了智慧旅游立体化营销解决方案，将以线上产品为起点，地面推广作衔接，充分发挥旅游平台连接器的作用，与各地旅游局携手打造移动化、个性化、功能化O2O营销服务平台。

同时，去哪儿网智慧旅游营销中心业内首推目的地立体化营销5项行业标准，包括：技术解决及线上旗舰店架设、线下活动推广、营销策划及公关传播、数据监控及流量分析、售后服务及支付对接，真正实现目的地营销完整闭环。

二、"VR+旅游"，虚拟现实让旅游更奇妙

此次，去哪儿网签约五洲传播中心作为智慧旅游营销的重要战略合作伙伴之一，携手推动"VR+旅游"平台化、体系化运营，旨在为旅游局合作伙伴提供强有力的技术及内容背书的同时，也确保在服务用户端为广大旅游客群带来更加优质和愉悦的旅行体验。

五洲传播中心是一家综合性国际文化传播机构，拥有影视传播、图书出版、网络新媒体和文化交流四个外向型传播平台。"五洲"结合自身专业技术及资源等优势，成立了多个以文化、旅游为主题的外宣品牌，其中"第三星球"是"VR+旅游"的多媒体旅游体验平台。第三星球是2013年由五洲传播中心立项，财政部文资办支持的首个VR虚拟旅游项目，并承担了国务院新闻办公室和国家旅游局共同指导的国内首个VR虚拟旅游外宣推广活动"3D美丽中国"。自成立至今，第三星球已经形成国内最大的3D旅游内容资源库，是国内VR虚拟旅游的先驱者，是国内最大的虚拟旅游内容运营平台，正在通过互联网、VR、电视TV和移动APP带来更丰富更多元的虚拟旅游体验。今后第三星球还将通过渠道建设和国际交流，建立中国最大的"VR+旅游"体验服务集成平台。

作为国内智慧旅游营销行业的技术型领军品牌，去哪儿网智慧旅游营销中心遵循"数据先导、技术先进、科技先行"的策略，与通过传统的电视、图片、攻略对旅游目的地产生预判不同，当今的旅游客群特别是"80后""90后"等年轻游客更看好先进的传播互动手段，对创新事物容易产生共鸣并做出决策。"VR+旅游"模式顺应潮流发展及行业导向，为旅游局目的地提供全方位立体实景展示，也为游客人群提供更鲜活愉快的旅行体验，虚拟现实的沉浸式体验营销势在必行。

三、大数据整合，智慧旅游的核心服务

作为国内技术导向的"少数派"旅行企业，大数据是去哪儿网目的地营销最强优势之一。为更好地服务于旅游局目的地营销，以及更全面了解旅游客群的出行需求，去哪儿网与北京第二外国语学院旅游管理学院大数据中心签约战略合作。合作内容将不局限于常规数据分析，同时基于智慧旅游的特定需求，通过大数据的整合、梳理、分析，从

量变到质变为旅游目的地提供基于大数据的智慧旅游服务，完成互联网+旅游营销。

2015年9月，国务院发布《促进大数据发展行动纲要》，大数据将被作为战略性资源加以重视，旅游行业大数据对景区营销的战略意义得到彰显。

作为市场研究与分析的核心，去哪儿网希望通过大数据来进一步驱动智慧旅游服务升级，内容包含：网络口碑评估与分析；基于网络数据的游客画像与精准营销服务；景区目的地旅游市场数据分析与咨询；行业权威数据报告发布。

案例讨论题

结合此案例，谈谈技术与知识经济对旅游企业战略管理的影响。

本章思考题

1. 服务产品的特征有哪些？
2. 旅游业的行业特征有哪几种？
3. 旅游产品的服务特征与旅游业的行业特征对旅游企业管理人员制定战略有何影响？

第三章 旅游企业的外部环境分析

如今的企业正面临着复杂多变、全球化的外部环境。企业的战略不能也不应该在"真空"中制定，战略必须对企业的外部环境做出反映。

企业外部环境是指存在于企业组织外部，并与企业经营活动有关的各种因素的组合。这些因素一般不在企业管理者的短期控制范围内，但又确实影响企业经营活动的进行和经营成果的获得。

旅游企业的外部环境可以分为三个主要层次：总体环境、行业环境及竞争对手。

总体环境包括那些在广阔的社会环境中影响一个行业和企业的各种因素。企业不可能直接控制这些因素。成功的企业会收集相应种类和数量的信息，了解总体环境各方面的因素及其意义，以便制定和实施适当的战略。

行业环境包括这样一组因素：新进入者的威胁、供应商、买方、替代品，以及当前竞争对手之间竞争的激烈程度，它们直接影响一个企业和它的竞争行为。总的来说，这五个因素之间的互动关系决定了一个行业的盈利能力。企业面临的挑战在于，它需要在行业中找到这样一个位置，能够有力地影响这些因素，或者能够成功地战胜这些因素。企业越是能够营造一个有利的行业环境，就越有可能获得竞争优势。

企业收集并分析有关竞争对手信息的过程称为竞争对手分析。企业了解竞争对手是对总体环境和行业环境分析的必要补充。

对总体环境、行业环境、竞争对手这三种关于外部环境的分析，共同影响企业的战略使命、战略行动的制定。对总体环境的分析着眼于未来，对行业环境的分析重点在于了解影响企业盈利能力的条件和要素，而对竞争对手的分析主要是为了跟踪预测竞争对手的行动、反应和目的。

通过本章的学习，读者能够做到：
- ◇ 掌握总体环境、行业环境和竞争对手分析的概念；
- ◇ 了解旅游企业总体环境分析的目的、步骤与细分要素；
- ◇ 鉴别行业的五种基本竞争力量，并且解释它们如何对旅游企业的获利能力产生影响；
- ◇ 掌握竞争对手分析的主要内容。

第三章 旅游企业的外部环境分析

第一节 旅游企业的总体环境分析

总体环境又称宏观环境或一般环境,是指组织所处行业和市场以外的大环境。它不受单个组织的影响但对组织经营所处的微观(行业和市场)环境有着显著影响。

对旅游企业而言,总体环境的变化十分重要。这些变化关系到整个行业的存亡,关系到市场的扩大或缩小,决定行业的竞争力水平和许多其他方面。因此,管理者必须敏锐地捕捉环境中正在发生的变化和潜在的变化,并能预见这些变化给行业和市场可能造成的影响。

一、总体环境分析的目的

旅游企业研究总体环境的一个重要目的就是捕捉并分辨企业面临的机会和威胁。机会是指能帮助企业获得竞争优势的总体环境条件。威胁是指会妨碍企业获得竞争优势的总体环境条件。机会意味着竞争的可能,而威胁则意味着潜在的约束。

成功的企业一般都能够比较好地识别外界机会并调整自己的内部资源来对接外部环境所提供的机会。

用来分析总体环境的资料来源很多,包括各种各样的印刷材料(如贸易出版物、报纸、商业出版物、学术研究成果和公众的观点),参加和参与的贸易展览,与顾客、供应商和公共组织的雇员交谈的内容,以及与生意有关的"传闻"。另外一个资料和信息来源是在与外界互动的工作岗位上工作的人,如销售人员、采购经理、公共关系主管和人力资源经理。而网络是另一个极其关键的了解外部总体环境的来源,而且它越来越重要。

二、总体环境分析的步骤

旅游企业的总体环境分析是一个连续的过程,具体包括搜索、监测、预测和评估四种行为,具体如表3-1所示。

表3-1 外部环境分析的步骤

搜索	找出环境变化和趋势的早期信号
监测	持续观察环境变化及其变化趋势,探索其中的含义
预测	根据所跟踪的变化和趋势,预测结果
评估	评估环境变化或趋势对企业产生的影响

搜索。搜索包含对企业总体环境各方面的研究。通过搜索，企业能够辨认总体环境潜在变化的早期信号，了解正在发生的变化，察看是否有影响企业活动的环境变化。

监测。监测就是指即观察环境变化，察看在由搜索定位的领域里是否出现重要的趋势。成功监测的关键在于觉察不同环境事件含义的能力。搜索和监测是与某个时间点上总体环境中的事件相关的。

预测。预测是指对将来做出预测、分析得出合理的结论，说明由于以上搜索和监测探知的那些变化和趋势，将会发生什么，其进展如何。例如，分析家们可能要预测一种新技术市场化所需要的时间；或者多长时间后，员工的构成会出现某种预期的变化，需要不同的公司培训程序；或者，当政府税收政策改变后，多久会影响到消费者的购买模式等。

评估。评估的目的，是要判断环境变化及其变化趋势对企业战略管理影响的时间点和显著程度。通过搜索、监测和预测等过程，企业的战略分析家们应该能够了解企业面临的总体环境，通过评估阶段则是要明确对环境的这些了解对企业有什么样的意义。没有评估，企业只不过是得到了一些有趣的数据而已，对企业的战略管理没有任何意义。

三、总体环境的细分

总体环境能给企业带来的影响非常多，每种影响都直接或间接地影响着企业的每一项决策。在众多的因素中，哪些是主要的，哪些是相对次要的，识别起来非常困难。特别是什么样的因素要给予重点考虑，什么样的因素可以忽略不计，有时对于一个企业来说很难确定。因此，旅游企业在进行外部环境分析时面临的挑战在于搜索、监测、预测和评估总体环境中最重要的因素。

在众多的影响因素中，政治因素、经济因素、社会文化因素和技术因素一般被认为是最重要的因素。因此，企业的外部环境分析有时又简称 PEST（Political, Economic, Social, Technological）分析。对于旅游企业来说，由于自然环境（Environmental）因素也能产生重要的影响，故将战略管理中常用的 PEST 分析框架扩展为 STEEP 分析框架。旅游企业总体环境的主要细分要素见表 3-2。

表 3-2 总体环境的细分要素

政治因素：	政府的各种立法与法令；政府的稳定性；税收政策；就业政策与法规；贸易规则；企业与政府的关系
经济因素：	GDP 的趋势；货币供应量及利率；通货膨胀；失业和就业水平；可支配收入；消费者价格指数；储蓄率；汇率；贸易差额

续表

社会因素：	人口增长；人口分布；人口结构的变化；人口的流动性；生活方式及价值观的变化；受教育程度；对工作和休闲态度的变化
技术因素：	行业对技术的关注；各种计算机管理系统的出现；互联网技术的出现；交通技术的变化；通信技术的变化
环境因素：	生态和"绿色"的关注在增加

（一）政治、法律因素

政治法律环境因素，是指企业所在国家或地区的政治制度、政治体制、方针政策、法律法规等内容构成的国家政治综合条件。这些因素常常制约、影响着企业的经营行为，尤其是影响企业较长期的投资行为。

从国际方面来看，政治因素主要包括其他国家的国体与政体、关税政策、进口控制、外汇与价格控制、国有化政策，以及群众利益团体的活动等。国际方面的法律因素主要涉及各国的国内法及国际公约条约的有关规定等。例如，美国政府自1980年以来颁布了几十个经济法规。美国等发达国家的经济立法，有些是为了保护竞争，有些是为了保护消费者利益，有些是为了保护社会利益，防止环境污染。我国企业若要与某个国家进行交易活动，必须事先了解该国的政治和法律。

从国内方面来看，政治因素主要是指政府和各职能部门的各项方针和政策，它对企业的生存与发展将产生长期与深刻的影响。具体来说，政治因素包括国家和企业所在地区的政局稳定状况，执政党所要推行的基本政策，以及这些政策的连续性和稳定性。这些基本政策包括产业政策、税收政策、政府订货及补贴政策等。就产业政策来说，国家确定的重点产业总是处于一种大发展的趋势。因此，处于重点行业的企业增长机会多、发展余力大，非重点行业的企业发展速度就较缓慢，甚至停滞不前，另外，政府的税收政策影响企业的财务结构和投资决策，资本持有者总是愿意将资金投向具有较高需求且税率较低的产业部门。

一些政治因素对企业的行为有直接的影响，但一般来说，政府主要是通过制定法律、法规来间接地影响企业的活动。从国内方面来看，法律因素主要指人大常委会、国务院、主管部门，以及各省、市、自治区公布的法律、法规所作的有关规定，其中与经济法律法规的关系更为密切。经济法律法规是为协调经济活动中的法律关系、发展社会生产力服务的。它规定了企业可以做什么，不可以做什么。合法经营受到法律保护，非法交易则要受到法律制裁。目前我国的经济立法，特别是涉外经济立法还不够完备。近几年来，我国政府为适应改革开放的需要，在健全法制、加强法治方面取得了明显进步，先后制

定和颁布了一大批经济法律和法规。旅游企业的经营行为同样受到国家法律制度的制约，如《中外合资经营企业法》《专利法》《商标法》《中华人民共和国进出口关税条例》《反不正当竞争法》《广告法》《公司法》《合同法》等，都对旅游企业经营有着直接或重要的影响。

以往的企业家一般更多地关注企业的经济和技术事宜，而今天的企业家则必须具有更多地从法律和政治的角度处理问题的能力。他们需要花费更多的时间预测和影响国家的政策，将更多的时间用于会见政府官员、参加意见听取会和政府组织的会议、进行公众演讲，以及会见行业集团、产业协会和政府机构领导等。在进入或扩大国际经营之前，战略家需要对企业将要从事业务的国家的政治局势及其决策过程有很好的了解。

政治法律环境要素对企业来说是不可控的，带有强制性的约束力，只有适应这些环境的需要，使自己的行为符合国家的政治路线、政策、法令、法规的要求，企业才能生存和发展。

（二）经济因素

经济环境，是指一个企业所属的或可能会参与其中的经济体的经济特征及其发展方向。而经济环境因素，是指国民经济发展的总概况、国际和国内经济形势及经济发展趋势、企业所面临的产业环境和竞争环境等。

一般来说，旅游企业面临的经济环境主要可以从以下几个方面进行分析。

（1）整个国民经济的发展状况。目前国家经济所处的阶段是萧条、停滞、复苏还是增长？宏观经济以怎样一种周期规律变化发展？

在众多衡量宏观经济的指标中，国民生产总值是最常用的指标之一，它是衡量一个国家或一个地区经济实力的重要指标，它的总量及增长率与工业品市场购买力及其增长率有较高的正相关关系。同时，宏观经济指标也是一国或地区市场潜力的反映，近年来，中国成为欧美国家竞相投资的热点，也是因为中国经济持续、稳定地高速增长所揭示的巨大的潜在市场。

（2）与消费品购买力正相关的人均收入。这是与旅游企业发展水平紧密相连的经济指标。通过对国民生产总值（GNP）、国民收入、个人可支配收入、家庭收入等指标分析，可以对市场规模、市场潜力、市场购买力有充分的了解。旅游消费与个人可支配收入更为密切相关。一般认为，人均国民收入达到 300 美元时，居民将普遍产生国内旅游动机；人均国民收入达到 1 000 美元时，居民将普遍产生跨国旅游动机；人均国民收入达到 3 000 美元时，居民将普遍产生洲际旅游动机。

（3）总人口。一国总人口数量往往决定了一国许多行业的市场潜力，如食品、服装、交通工具等。尽管中国的计划生育政策有效地控制着人口增长,但庞大的人口基数,伴随着经济的高速增长,揭示了巨大的市场潜力和机会,而这也恰是吸引外资投资的根本动因。

（4）价格是经济环境中的一个敏感因素。我国的价格体制长期存在着严重缺陷,价格没有成为反映和调节供求状况的信号与杠杆,所以价格改革的出发点就是要调整被扭曲的价格,包括商品之间的比价与差价关系。然而价格改革是一项复杂的系统工程,因为适度的通货膨胀可以刺激经济增长,但过高的通胀率对经济造成的损害往往难以预料。消费品价格上涨过快,使人们的基本生活需要支出大幅增加。误导的价格信号会使某些消费行为提前,而某些购买行为又被推迟。个人可自由支配收入的降低会长时间抑制耐用消费品的需求,特别是高通货膨胀率所造成的社会心理损害将对整个市场供求关系产生深层次的影响。这就是 20 世纪 80 年代中期以来,中国整个宏观经济与微观经济所面临的严峻现实。如果企业对此不能做出准确估计,或者说日后通货膨胀的程度要大大超过企业可能承受的范围,则企业既有的战略就会成为一页废纸。

（5）经济基础设施。对于经济基础设施的考虑,也是评估旅游企业外部经济环境的因素。经济基础设施条件主要指一个国家或一个地区的运输条件、能源、原材料供应、通信设施及各种商业基础设施（如各种金融机构、广告代理商、分销渠道、营销调研组织）的可靠性及其效率,它们在一定程度上决定着旅游企业运营的成本与效率。

由于我国旅游企业无论是旅行社或饭店,许多业务面向国际旅游市场,因此旅游客源国的经济环境,尤其是人均国民收入、个人可支配收入、外汇兑换率、就业率、国民经济状况等,都应是分析的重点。

（三）社会文化因素

社会文化因素是指企业所在国家或地区的文化环境和人口环境等,主要包括社会道德风尚、文化传统、人口变动趋势、文化教育、价值观念、社会结构等。社会文化力量会影响社会的价值观、信仰和生活方式,直接决定消费需求的形式和内容、消费结构,也会影响旅游企业的生产、研发、发展、组织与人力资源管理。

人口是"潜在的购买者",旅游企业必须随时分析人口因素的发展趋势。目前世界上人口变动的主要趋势有以下五个方向。

（1）世界人口迅速增长。世界人口的增长意味着消费将继续增长,世界市场的潜力和机会将继续扩大。但是快速增长的人口正在大量消耗自然资源和能源,加重粮食和能源供应的负担。这些都预示着 21 世纪的主要挑战和商机。

（2）在许多国家,人口的年龄构成已经呈现较强的"倒金字塔"趋势。这种趋向对

以儿童为目标市场的企业是一种威胁；但是，因为年轻夫妇有更多闲暇时间和收入用于旅游、在外用餐、文体活动等，所以可能为相应的企业带来市场机会。另外，许多国家人口趋于老龄化，在我国也有这种趋向。因此，旅游企业应该认真研究老年人市场。

在美国，人口的老龄化给一些行业呈现的是利好消息。这些行业主要有餐馆、旅店、航空、巡航环游、旅游、度假村、主题公园、奢侈品与服务、旅游汽车、民宅建筑、家具制造、旅行服务、制药、汽车制造及丧葬服务等。美国的老年人对保健、金融服务、旅游、罪犯防范及闲暇等服务尤为感兴趣。提供一顿正餐、交通和各种设施（包含在房租内）的老年公寓在美国很受欢迎。建造这类公寓设施的著名企业有雅芳集团（Avon）、马里奥特（Marriot）和凯悦（Hyatt）集团。

（3）许多国家的家庭结构正发生变化。例如，某些东方国家的家庭规模趋向于小型化，几世同堂的大家庭大为减少。

（4）西方国家的非家庭住户也在迅速增加。非家庭住户包括单身成年人住户、暂时同居住户和集体住户。

（5）许多国家女性就业人数不断增加，职位也逐步上升，并在一些知名企业中担任要职。另外，双收入家庭、临时雇员数增加、更关心健康饮食和身体健康、更关心环境和推迟生育子女，这种力量增加了许多产业中产品和服务的销售，但降低了另外一些产业中产品和服务的销售。劳动力市场上出现了更多妇女，导致职业服饰需求的增加，但降低了对烘焙食品原材料的需求（因为人们没有更多时间从原材料开始准备食物）。人们更关心健康，这种趋势有利于生产运动器械和健康食品的产业，但不利于生产对健康不利的食品的产业。

社会阶层，通常是指在一个社会中存在着的相对持久的和类似的生活习惯的人的组合。在同一个阶层中，个人和家庭具有大致相同的价值观、生活方式、兴趣和行为规范。一般依据一个人的职业、收入来源、受教育水平等来决定一个人属于哪一个社会阶层。一个清洁工与一个文艺工作者的收入或许相同，但由于职业不同，两个人的消费特点也不同。划分社会阶层可以更准确地判断和预测消费者的购买意向和购买行为。

文化，通常特指人类创造的精神财富，包括文学、艺术、教育、科学等，是人们的价值观、思想、态度等的综合体。文化因素强烈地影响着人们的购买决策和企业的经营行为。

不同的国家有着不同的文化传统，因而也有着不同的亚文化群，不同的社会习俗和道德观念，从而会影响人们的消费方式和购买偏好。企业若要通过文化因素分析市场，必须了解行为准则、社会习俗、道德观念等这些文化因素并对其加以分析。

总体说来，社会、文化、人口及环境的变化趋势正重塑着现代人的生活、工作、生产和消费方式。新趋势正产生着新一类的消费者，进而要求有新的产品、新的服务和新的企业经营战略。

（四）技术因素

技术环境因素，是指一个国家或地区的技术总水平，它包括：引起革命性变化的发明；与企业生产有关的新技术、新工艺、新材料的出现、发展趋势及应用前景等。它具有变化快、变化大、影响面大（超出国界）等特点。

旅游企业在制定战略过程中必须考虑技术因素带来的机会与威胁。技术的进步可以极大地影响到企业的产品、服务、市场、供应商、分销商、竞争者、用户、制造工艺、营销方法及竞争地位。技术进步可以创造新的市场，产生大量新型的和改进的产品，改变企业在产业中的相对成本及竞争地位，也可以使现有产品及服务过时。技术的变革可以减小或消除企业间的成本壁垒，缩短产品的生产周期，并改变雇员、管理者和用户的价值观与预期。技术的进步可以带来比现有竞争优势更为强大的新的竞争优势。当今，没有任何企业或产业可以将自己与发展中的新技术隔离开来。对于高新技术产业来说，识别和评价关键的技术机会与威胁是外部环境分析中的最为重要的部分。

像个人电脑、网络、卫星、电缆、因特网和数字通信等信息通信技术的发展，以及软件的迅速升级，都使得许多行业的企业管理正发生革命性的变化，企业活动变得更加协调，研发速度变得更快，企业组织变得更有弹性且反应更快。

同样，交通技术的发展使旅游企业经历了彻底的变革，并改变了社会和文化。公路、铁路、海洋和航空运输的发展使得旅客运输及原材料、部件和产品的运输比以前变得更快而且成本大幅降低。这些交通运输方式的改善增加了个人旅行者和商务旅行者的数量，并使得游客"出口"和"进口"地区经历了深刻的社会变化。

因此，企业应始终监测影响其经营和市场的技术变化。许多行业中，企业必须具有灵活性，并时刻准备采用随时出现的新技术进行创新。企业是否采用最新技术与其采用的程度是决定组织是否具备竞争优势的重要因素。

（五）环境因素

环境因素主要是指自然环境对旅游企业的影响。近几年来，社会上出现了一个新趋势，就是对生态和"绿色"的关注在增加，这就影响了人们对产品和经营活动对环境影响的态度。全球气候的变化、臭氧层损耗、森林砍伐、物种的消失、土壤侵蚀、土壤沙漠化、酸雨、有毒废弃物和水质污染已经成为与自然环境相关的重要议题。人文环境也需要关注，如交通阻塞、建筑和历史古迹的损坏、糟糕的城市规划和干扰视线的建筑。这些问题有着统一的特点：第一，它们具有世界性；第二，它们不单单和旅游业相关，

但是对旅游业管理者有着重大的启示意义。

尽管 20 年之前，许多消费者对产品和经营活动对自然环境的影响漠不关心，但是现在人们逐渐意识到需要保护环境。自 1987 年的布伦特兰报告（Brundtland Report，世界环境与发展委员会 WCED，1987）和 1992 年在里约热内卢提出的地球增长极限（Earth Summit）以来，可持续发展成为许多行业，包括旅游业应承担的义务。

这也促使政府要通过立法和采取其他措施来控制污染。加上顾客对环境友好产品及通过绿色生产方法制造的产品的渴望，使企业意识到要想盈利就必须爱护环境，至少要有爱护环境的意识。

四、我国旅游企业所处的宏观环境[①]

（一）稳定的政治环境

党的十一届三中全会以来，中国改革开放的基本国策得到了有效的实施，开创了安定团结的政治局面，奠定了维护国家安全和社会稳定的比较雄厚的物质基础。国家的综合国力大幅度提高，捍卫国家主权和领土完整以及社会主义建设成果的能力明显增强，应对各种突发事件的能力和调节各地区发展不平衡与社会各群体利益不均衡的能力显著提升。我国之所以能取得举世瞩目的成就和进步，就是得益于这种国内政治和社会环境的稳定。

在大局稳定的政治环境下，我国旅游业得到了长足的发展，尤其在入境旅游方面，中国作为"世界上最安全的旅游目的地"的形象已经深入人心。这些都为国内旅游企业的发展奠定了良好的市场基础。同时稳定的政治环境也成为吸引外资的最关键因素，随着外资的不断注入，中国的旅游企业也在更激烈的市场竞争中不断发展壮大。

（二）更新换代的经济环境

我国实施改革开放以来，旅游企业的经济环境发生了根本性的改变，主要表现在以下几个方面。

1. 计划经济走向市场经济

市场经济是通过市场机制来配置社会资源的一种经济组织形式。随着我国经济体制改革进一步深入，市场经济不断完善，日趋成熟。主要表现在以下几个方面。

（1）市场空间不断扩大。其主要特征表现为：国家限制进入的产业大大减少，政府

[①] 邹益民，周亚庆，高天明. 旅游企业战略管理[M]. 北京：中国人民大学出版社，2012.

行政审批范围大幅度削减,全球市场向中国企业敞开。这标志着旅游企业的经营空间日益增大,关键在于企业自身实力的积累。

（2）服务对象日趋成熟。其主要特征表现为:一是消费者的经验越来越丰富,消费者越来越挑剔;二是个性化消费越来越突出;三是消费者的消费越来越精明;四是消费者的自我保护意识越来越强。当然,我国的消费者并不十分成熟,消费规则意识相对不足就是一个主要标志,这给企业经营管理和服务水平的进一步提高设置了一定的障碍。据此,旅游企业必须虚心听取顾客意见,并从顾客身上学习更多的东西。同时,必须更新服务模式,提高服务与管理水平,以适应消费者的需要。

（3）竞争层次不断升级。其主要表现为:从最早的数量、规模竞争,发展到价格、质量竞争直至品牌竞争。这就要求旅游企业必须确立正确的竞争理念,苦练内功,提高服务与管理水平,打造卓越的企业品牌。

（4）市场秩序日趋规范。其主要表现为:市场法规从无到有,行业管理水平不断提高,企业经营行为日益规范。这就要求旅游企业必须增强法律意识,做到依法经营,努力规避法律风险,并注意用法律武器维护企业的正当权益。

2．从工业经济走向知识经济

知识经济是一种智力支撑型经济,它是以智力资源的占有、配置、生产、分配、使用为基础的经济。知识经济中,知识商品化的能力大大提高,知识成为经济增长的主动力;知识的生产、学习和创新成为国家最重要的活动。知识经济往往和信息社会相伴相生。随着信息时代的全面到来,我国的知识经济也"渐入佳境"。

在这种背景下,从政府到企业都要不断加大对旅游产业的人才与科技的投入。首先,国家有关部门应制订旅游产业发展的科技振兴计划,为旅游产业发展营造良好的科技应用环境,奠定科技振兴旅游产业的基础。其次,旅游企业必须尽快转变观念,重视高科技在经营管理决策中的应用,加大科技投入,以科技投入促效益。最后,旅游科研机构、高等旅游院校必须重视高新技术在旅游产业中的应用研究,开发一批实用性强的旅游科技应用项目,培养一批技术素质高的经营管理的专门人才。

3．从区域经济走向全球经济

新世纪以来,世界经济越来越融为整体,经济全球化势不可当。在中国,这种全球化已经显示出巨大的生命力。近年来,在全球化推动下,中国经济与社会转型明显加快,政府放松了对经济的管制,不断推进社会主义市场经济体制的确立和完善,企业成为市场的主体;同时,扩大对外开放,国内市场的国际化程度不断提高,国际资本大量流入,经济持续快速增长。随着中国进入WTO,一方面,中国旅游企业的经营空间进一步扩大;

另一方面，国内旅游市场的国际化程度越来越高，中国旅游企业真正融入全球经济舞台势在必行。

（三）错综复杂的文化环境

社会文化是人类在创造物质财富过程中所积累的精神财富的总和，它体现了一个国家或地区的社会文明程度。我国悠久的历史给我们留下了宝贵的传统文化，科学技术的进步又给我们的生活深深烙上了时代文化的印迹，改革开放又使得外来文化扑面而来。

1. 根深蒂固的传统文化

传统文化是我们祖先留下的一份宝贵财富，它凝结着民族的智慧，是中华民族创造的结晶，但也存在部分糟粕，需要进行扬弃。其中儒家文化、官本位文化、宗教文化和小农文化最具代表性。

（1）儒家文化。儒家文化从某种意义上来说是一种为人处世的学问。为人之道，主要表现为君子之道；而处世之道，则主要表现为中庸之道。中国成为文明古国与礼仪之邦，与儒家文化不无关系，儒家文化不仅影响中国人的行为，而且对我国旅游业的影响也在不断扩大，一些儒家文化的圣地受到越来越多游客的青睐。当然，儒家文化也有一些弊端，如对自我的否定、对创新的阻碍等。

（2）官本位文化。官本位文化不是一个严格的科学概念而是通俗的说法。纵观历史和现实，官本位文化至少包括以下四点内涵：公共权力的运行以"官"的利益和意志为最根本的出发点和落脚点；严格的上下层级制度，下级对上级唯首是瞻，上级对下级拥有绝对的权力；以是否为官、官职大小、官阶高低为标尺，或参照官阶级别来衡量人们社会地位和人生价值的社会心理；在此基础上形成的敬官、畏官的社会心理。我国政治体制改革相对滞后，政治权力较为集中，人事制度中存在一些弊端和漏洞，这些都是官本位文化存在的体制根源。在旅游企业经营管理的过程中，必须重视官本位文化所带来的潜在影响。

（3）宗教文化。宗教作为一种意识形态，一种特殊的社会文化体系，不仅作为人类文化的组成部分来影响人的行为，而且作为有特色、有吸引力的人文旅游资源，极具旅游价值。宗教文化资源的利用和开发，有利于形成有特色的旅游产品、开拓新的旅游市场，这对旅游业的发展具有重要的意义。

（4）小农文化。小农文化常常被称为"小农意识"，是一种与小农经济相伴随的观念。中国是一个农业大国，有着几千年农业文明的历史，历史的惯性带给我们民族传统性格和思维模式的积淀。进入现代，在日常生活中，我们依然常常可以感受到传统民族性格中的小农意识的影响。生活在生产力低下的小农经济方式中的人们，常常表现为满足于自给自足，缺少开阔的视野、远大的目光，更看重于眼前利益而难有长远的打算。在当代社会，这样的意识是社会发展的阻力，因此，要使旅游业的发展能紧跟时代的步伐，就必须从传统的小农文化中跳出来。

2．扑朔迷离的时代文化

随着市场经济的日趋成熟、科学技术的迅猛发展和对外开放的不断深入，我们处在一个信息爆炸的时代，改变着我们传统的思维方式，带来了新的文化气息，这其中主要包括商业文化、网络文化、明星文化等。

（1）商业文化。作为全球化的经济形态，商品经济必然蕴含一种深厚的文化因素，现代商品经济的发展需要与之相适应的特定文化体系的配合，如共赢的利益观、契约思想与诚信原则、法制观念与正义精神、多元文化和开放意识等，这些都构成了商品经济赖以生存和持续发展的文化动力和支撑。旅游业可以充分利用商品经济文化的这些特点，达到旅游资源开发与保护相结合的目的。

（2）网络文化。网络文化是指随着科学技术的发展和电脑网络的普及和应用，人们借助于互联网进行各种活动时所形成的具有自身鲜明特征的信息文化。它打破了传统文化定义的框架，给人类带来了电脑时代的又一次"文艺复兴"。随着我国互联网络应用范围的日益扩大，网络文化在形式和内容上也迅速得到发展，特别是在与传统旅游业的融合方面具有广阔的前景，旅游业可以借助网络扩大宣传空间、创新旅游方式、开创旅游社区等方面来发展自己。

（3）明星文化。明星文化主要指的是当前社会对明星的崇拜潮流。随着主流媒体的各类选秀节目的增多与各类评选活动的泛滥，中国呈现出前所未有的"明星潮"，人们渴望成为明星或者追逐明星的倾向愈演愈烈。一方面，旅游企业可以利用明星作为"黏合剂"，把不同时空的个体联系起来，制造身份认同，然后把他们联合在一起、促进旅游业的发展；另一方面，这也在一定程度上加剧了整个社会的"浮躁"现象，难免会为旅游企业的经营与管理带来难题。

3．来势凶猛的外来文化

外来文化，是指通过信息、文化、民族融合等途径把外国的文化引入中国，融中外文化为一体的新文化体系。文化是人类的财产，人类的交往提供了不同文化间的接触与交流的机会。社会的变迁影响着我们对外来文化的态度。社会的需要与社会的心态决定我们如何去看待外来文化、研究外来文化。我国的改革开放使我们接触到各种类型的外来文化，外来文化的传播，正日益改变着许多人的思维方式和消费模式，旅游企业必须重视这种现象，并充分利用其中存在的机会，避免潜在的威胁。

第二节 旅游企业的行业环境分析

企业面临的一个直接环境就是企业所在的行业。所谓行业,是指由一些企业构成的群体,它们的产品有着众多相同或类似的属性,以至于为争取同样的一个买方群体而展开激烈的竞争。行业的环境将决定竞争原则和企业可能采取的竞争战略。因此,行业环境分析是旅游企业战略分析的一个重要方面。

迈克尔·波特在分析行业内部竞争的性质和程度时提出一个分析模型。他认为一个行业的激烈竞争不是事物的巧合,而是源于其内在的经济结构。一个行业中的竞争,远不止在原有竞争对手中进行,而是存在着五种基本的竞争力量(见图 3-1),即行业内现有企业间的竞争、新进入者的威胁、替代品生产者的威胁、卖方讨价还价的能力以及买方讨价还价的能力等。

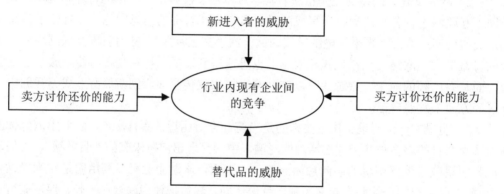

图 3-1 波特五力模型 (Adapted from Porter,1980)

这一模型扩充了竞争分析的领域。人们过去在研究竞争环境时,往往只着眼于那些跟它们在一起直接竞争的企业。但是在今天,竞争已经不光是竞争对手之间的战斗,而是更多地被看作是顾客获取所需价值的各种可行的途径之间的竞争。这一点现在特别重要。因为不同行业之间的界限变得越来越模糊,所以,在定义一个市场时,应当着眼于顾客,而不是某些行业界限。

波特五力模型告诉我们供应商可能会变成竞争对手(前向整合),买方也一样(后向整合)。另外,进入一个新市场的企业和那些生产的产品足够替代目前产品的企业,也可能会变成一个企业的竞争对手。

一、新进入者的威胁

毫无疑问，当某一行业，尤其是某一新兴行业获得高额利润时，不仅会刺激行业内现有的企业增加投资以提高生产能力，而且会吸引行业外企业进入该行业。实际上，在同一行业内，当一个企业的某一产品或产品系列获利丰厚时，也会吸引其他企业的目光。无论什么时候，只要有新的对手进入企业所在的行业，尤其是当它们投入大量资源与现有企业争夺市场份额时，可能会引起价格下降，并降低行业的利润率。

从行业内现有企业的角度看，它们总是希望少一些新的进入者以维持既得的利益和相对优势的地位。既然新进入者有这样的威胁，现有企业就总会想方设法地建立本行业的进入壁垒，来限制更多的企业来"分一杯羹"，这样看来，行业进入壁垒无论是对现有企业还是对新进入者来说都是有必要认真分析的。

进入威胁的大小取决于进入壁垒的高低以及预期的报复措施。

（一）影响行业进入壁垒高低的因素

现有的企业总是设法给市场进入制造障碍。相反，新进入者则会挑选进入障碍不太明显的市场。进入障碍低，新进入者能够获得利润的空间就大。

决定进入障碍大小的主要因素有以下几个方面。

1. **资金需求**

企业欲进入一个行业（或者行业的一个部门）时所需投资的多少是决定新进入者威胁大小程度的重要因素。需要投入的资金越多，来自于新进入者的威胁越小；需要的资金越少，威胁就越大。旅游业中有些领域如饭店的建造或者景点的修建，一家航运公司或者航空公司的开办，显然需要很多资金，但有时通过分离资产经营权和所有权或者通过租赁，可以避免付出或延付一些资金成本。在餐饮业，分离所有权和经营权是常见的行为，它指资本公司拥有实际资产而饭店经营者管理饭店。航空公司和海运公司则可以采取租赁飞机和轮船的方式，将前期的高额成本在一段时间内进行分摊。旅游业的其他部门，例如成立一家旅游经营公司或是一家旅行代理公司，因为不需要购买昂贵的资产，所以成本相对较低。

2. **规模经济**

规模经济是指"当企业的生产规模逐渐增加时，边际效益递增"的现象。

规模经济迫使新进入者必须以大的生产规模进入，并冒着现有企业强烈反击的风险；或者以小的规模进入，但要长期忍受产品成本高的劣势。这两种情况都会使新进入者望而却步。如果现有的竞争者的确已经取得了切实的规模经济，那它比新进入者具备更大

的优势。新进入者是无法获得与现存的企业同样低的单位生产成本的。

3．品牌忠诚度和顾客转换成本

如果一个行业内的企业生产的产品区分度高，顾客也对其品牌忠诚，那么新进入者在进入行业时会遇到较大的阻力。品牌忠诚度是增加顾客转换成本（即转向使用新竞争者产品的成本）的重要因素。大多数旅游目的地的产品是能够完全与其他产品区分开的。例如，人们只能在巴黎的卢浮宫看到蒙娜丽莎的画像，只有在南极才能看到在企鹅。因此，想看这些吸引物的顾客绝不能到新进入者那里购买这些产品。但是，很多时候旅游行业的顾客表现出来的品牌忠诚度比较低，他们容易受到价格驱使。顾客会从购买现有的旅行社、饭店和航空公司的产品转到购买新进入者的更有竞争力的产品。不过，航空公司总会实行"里程优惠"（或者叫里程累积）活动来给顾客强加上转换成本。

4．分销渠道

一个行业的正常销售渠道，已经为原有企业服务，新进入者要想进入该行业必须通过利润分摊、广告合作等办法说服原有的销售渠道接受自己的产品，这样会减少新进入者的利润，形成进入障碍。产品的销售渠道越有限，它与现有企业的联系越密切，则与现有企业建立的专营关系的销售渠道所形成的进入壁垒就越高，新进入者要进入该行业就越困难。

5．与规模无关的成本劣势

现有的竞争对手常常在其他方面还具有独立于规模经济以外的成本优势，如专利权、独占最优惠的资源、有利的地理位置、占据市场的有利地位、政府补贴、学习和经验曲线以及政府的某些限制政策等，这些都是新进入者无法仿效的成本优势。

（二）预期的报复措施

新进入者对于现有竞争对手的反击预期也将对进入的威胁产生影响。如果进入者认为现有竞争对手会有力地反击从而使之在行业中处于不能令人满意的境地，那么进入极可能被扼制。下面一些条件标志着对进入存在强烈报复的可能，并会因此扼制进入：

（1）现有企业有对进入者勇于报复的历史；

（2）现有企业具有相当充实的资源条件进行反击，包括富裕现金、剩余借贷能力、能满足未来所有可能需要的过剩生产能力；

（3）行业发展缓慢，这使在不降低现有企业的销售与财务业绩的条件下，行业吸收新进入者的能力受到限制。

二、替代品的威胁

替代品，是指那些来自不同行业的，但和行业中的产品一样能满足顾客同样需求的产品和服务。例如，一个人想穿过英吉利海峡，可选择横穿海峡的轮渡或气垫船或海底隧道的火车。尽管轮渡和火车分属于不同的行业，但它们都能使顾客穿过海峡到达法国，即它们具有同样的用途。

如果替代品价格较低，它投入市场会使本行业产品的价格上限只能处在较低水平，从而限制本行业的收益。替代品的价格越有吸引力，这种限制作用也就越强，对本行业构成的压力也就越大。因此在抵御替代品的威胁时，本行业的企业有可能采取联合一致的行动。因为替代品不是仅仅对一两个企业，而是将对全行业的所有企业都构成威胁，这时本来互不相让的企业之间就可能彼此借力，共同抵御生产替代品的竞争者。例如，共同进行大规模的联合广告宣传活动以及共同改进产品的质量和功能等。但是，在进行这种竞争时应注意以下情况：当出现的替代品是一种顺应潮流的产品并且具有强大成本优势的时候，或者替代品是那些实力雄厚、获利水平高的行业生产的时候，对替代品完全采取排斥的竞争战略就不如采取引进的战略更为有利。

在下列情况下，替代品具有很大的威胁。

（1）替代品在产品的性能、价格等方面都与本行业的产品很接近，那么替代品对行业的产品会构成严重威胁。替代品越是在本质上或者间接地不同于现有产品，价格和性能就越不好做出比较，那么对行业产品构成的威胁就不大。

（2）购买者从购买本行业的产品转向购买替代品时，只需承担很小的转换成本，替代品的威胁就大；相反，如果转换成本高，购买者不得不固定在原有产品上，则替代品的威胁就小。

行业里的竞争者会通过改进产品的性能、降低成本和削减价格以及产品的差异化来降低替代品的威胁。

三、买方讨价还价的能力

企业总是寻求投资回报的最大化，而买方（一个企业或行业的顾客）则希望用最低的价格购买产品或服务。为了以更低的价格获得更高质量的产品或服务，买方通常都会讨价还价，其结果是行业内企业之间的竞争加剧，导致行业利润下降。

影响买方讨价还价能力的主要因素有以下几方面。

1. 购买者的数量和交易量

买者的数量越少，同时交易数量越大，买方的力量就越大。相反买者的数目庞大，彼此间又相互独立，并且每一个只购买少量的产品，那么买方力量就相对弱。如果生产行业急需补充生产能力的话，那么大宗的购买者就更加具有特别有力的竞争地位。

2．顾客的转换成本和替代品的可获得性

如果顾客转向购买替代品的成本低（因为替代品与产品在性能和价格上接近），那么顾客的影响力就大一些，反之，影响力就小。应当记住的是买者不一定位于供应链的末尾，在供应链的每一个阶段，买者讨价还价的能力会对所要支付的价格和行业结构产生重要的影响。例如，旅游目的地饭店客房的供应链中，买者包括消费者、旅行社、航空公司和其他交通运输公司及会议促销者。每个买者的影响力是不相同的，旅行社对饭店的影响力要远远大于单个顾客对饭店的影响力。

3．行业产品的标准化程度

如果从该行业购买的产品属于标准化或差异性小的产品，购买者会确信自己总是可以找到可挑选的供应商，就可以使供应商之间互相倾轧。

4．购买者后向一体化的能力

如果购买者具有后向一体化的能力，那么他们宁愿自己生产而不去购买，购买者的影响力就大，反之，影响力就小。

四、卖方讨价还价的能力

卖方（供应商）的威胁手段一是提高供应价格；二是降低供应产品或服务的质量，从而使下游行业利润下降，使自己获得更多的收益。如果企业无法通过价格结构调整消化增长的成本，它的利润就会由于供应商的行为而降低。

影响行业供应商讨价还价能力的主要因素有以下几方面。

1．供应商所提供资源的独特性和稀缺性

如果提供给行业的资源对该行业来说必不可少，而且没有近似的替代品，供应商对该行业很可能具有很大的影响力。如果该资源很容易被其他资源代替，供应商的讨价还价能力就微乎其微。

2．对该资源有需求的其他行业的数量

如果供应商向几个行业提供同一种资源，那么它们对一个行业的依赖性就很可能会减少。因此，供应商能向更多行业提供同种资源时，其讨价还价的能力就增强。

3．转换供应商的成本

如果企业转换供应商的成本高，那么供应商就具有较强的讨价还价能力；反之，其讨价还价能力就弱。有时候，企业转换供应商是比较困难而且要付出代价的。企业和原有供应商之间已经建立了一种长期密切的工作关系，新供应商不具备所需的知识和经验，或者提供的系统和服务不符合买方的要求。所以一家全部使用波音飞机的航空公司很难迅速地转向空中客车供应商，因为飞行员一直接受的是驾驶波音飞机的培训，载客量是以波音飞机座位的配置来计算的，工程师一直以来只维修波音飞机，仓库里的零件也全是波音飞机的。

4. 资源供应商的数量和大小

如果提供资源的企业数目少而买者众多，那么任何行业的供应商对行业内企业的影响力都很大。反之，如果每个供应商的规模小、数量多，尤其是供应商的规模比购买资源的企业的规模要小，那么供应商的影响力就相当微弱。例如，向国际酒店集团如喜来登供应食品和服务的供应商的力量是很弱的，因为与这个酒店公司相比，供应商规模大都很小。喜来登在不同的地方拥有很多的供应商，如果它觉得有必要降低投入成本或要提高产品质量时，它就会更换供应商。

总之，只在下列情形中，一个行业的供应商才会具备很强的影响力。

（1）它们提供的资源是稀有的资源；
（2）几乎没有该资源的替代品；
（3）转换成本高；
（4）向几个行业供应资源；
（5）供应商规模很大；
（6）行业中购买该资源的企业是小企业。

如果情况与上述条件相反，供应商的力量就相对较弱。

五、行业内现有企业之间的竞争强度

行业内的企业之间以很多方式展开竞争。竞争的产生是由于一个或多个竞争者感受到了竞争的压力或者看到了改善其地位的机会。如果一个企业的竞争行动对对手有显著影响，就会招致其报复或抵制。如果竞争行动和反击的报复行动逐步升级，则行业内所有企业都会遭受损失。

从图 3-1 中可以看到，其他四个力量均由外朝内指向这第五个力量。这表示第五个力量的大小取决于其他四个力量对它的作用。不过行业中的一些条件也可能明显地导致更激烈的竞争。这些特定因素有以下几个。

1. 竞争对手的相对规模

如果行业里的竞争者势均力敌，意味着它们都有支持竞争和进行强烈反击的资源，那么行业的竞争就会加剧。企业想方设法提高市场占有率，但是激烈的竞争常常使得行业的平均利润减少。如果行业中存在一个垄断企业，竞争就没那么剧烈（利润水平也会

更高），这是因为大企业能阻止和减少小企业的行动。比如，自英国航空公司和南非航空公司开通英国和南非之间的航线以来，在国家政府的支持下，这条航线的收费一直很高。这条航线由于不存在其他航线上的竞争，因此两家航空公司获利颇丰。

2．行业的成本属性

如果一个行业属于具有很高固定成本的资本密集型行业，那么对它来说削价是填充企业容量和冲淡高额固定成本的唯一途径，而此时行业中的竞争会很激烈。所以，在航运、酒店和航空业，在即将出发或营业日结束时，如果还有剩余容量，对产品打折是很平常的事情。这是产品的不可储存性和行业高固定成本的特性决定的。

3．市场的成熟度

如果市场成熟，意味着市场增长缓慢，市场中的竞争就比快速增长的市场的竞争要激烈。这是因为，在成熟的市场上，企业想增加销售量，就要从竞争者手中夺取市场份额，使得行业的竞争更为激烈。在快速成长的市场里，企业还有新的机遇，企业不必通过抢夺市场份额来扩大销售。

4．顾客的品牌忠诚度

如果顾客对品牌忠诚，竞争就会减少，而且竞争主要是非价格竞争；相反，如果品牌忠诚度低，竞争就会激烈。例如，轮船乘客一直以来只愿意搭乘同一航运公司的轮船甚至偏爱乘坐同一艘轮船；但是，北欧的团队旅游者在去地中海度假时，会随着价格的攀比，自由地选择不同的商家。这样的品牌忠诚度与另一个因素——可区分度密切相关。

5．产品的可区分度

如果行业中产品容易被区分开来，竞争就不激烈。但是，如果该产品很难和其他产品区分开来，竞争就会很激烈。旅行社往往会使用型号相似的飞机和住宿产品、相同的地面服务代理商和相近的销售渠道，而且提供同样的旅游目的地，结果，很难使自己的产品与其他竞争者的产品区分开来。

6．政府管制

政府管制会对行业内的竞争态势有影响。国际航空业历来受到严格的管制，政府间签订协议对它实行直接的控制。许多国家通过签订国际航班的始发地和目的地国家之间的双边合约来管理国际航空旅行。若以上两种情形中的政府管制消失，竞争就会激烈得多。在国际饭店部门里情况刚好相反，政府的控制力度很小，政府只是做一些常规的计划，因此，行业里的竞争就激烈得多。

7．退出壁垒的高度

退出壁垒的高度（企业离开行业容易与否）将影响行业内的竞争程度。当退出壁垒高时，经营不好的企业只得继续留在行业里进行经营，那么，现有企业间的竞争将会更加激烈。例如，旅游企业在购买昂贵的固定资产如飞机、轮船或是建造酒店和旅游景点时，已付出了高额的资金成本，企业很难从这些行业中退出。更准确地说，购买的这些固定资产具有很强的专业特性，不能轻易地转为他用，也不易出售，尤其在经济低迷时期。这么一来，这些部门生产能力过剩的现象还会持续一段时间，竞争也将进一步加剧。如我国一些地区的酒店市场，生产能力过剩，退出壁垒又高，企业间的竞争就很激烈，行业的利润和投资回报率都有了下降。

常见的退出壁垒有以下几方面。

（1）具有高度专门化的固定资产（这种固定资产的清算价值低或转换成本高）；

（2）退出的费用高（如高额劳动合同费、安置费、设备备件费等）；

（3）战略相关性高（如退出某一行业就会使其他业务领域的产品形象、市场营销能力、分享设备能力受到很大影响）；

（4）情感障碍（如退出某一行业将影响员工忠诚度、引起员工对其个人职业发展产生畏惧等）；

（5）政府和社会的限制（如考虑到失业问题、地区经济的影响，政府有时会出面反对或劝阻企业退出某一行业）。

经过对五种行业力量的分析，企业应当能够对该行业的吸引力作出判断，看是否有机会获得足够甚至超常的投资回报。一般来说，竞争力量越强，行业中的企业能够获得的回报就会越低。典型的吸引力不高的行业具有低的进入障碍，供应商和买方有较强的讨价还价能力，来自替代品的竞争很强，而且行业内竞争对手之间的竞争程度很高。这些行业特征使得企业很难在其中获得战略竞争力和超额回报。相反，有吸引力的行业通常具有高的进入障碍，供应商和买方没有什么讨价还价能力，替代品的竞争很弱，竞争对手之间的竞争程度中等。

第三节　竞争对手分析

作为行业环境分析的补充，竞争对手分析的重点集中在与企业直接竞争的每一个企业身上。尽管所有的行业环境都很重要，但行业环境分析着眼于行业整体是中观分析；所以，从个别企业视角去观察、分析其竞争对手竞争实力的微观分析——竞争对手分析就显得尤为重要，尤其是在企业面临着一个或几个强大的竞争对手时。

一、竞争对手分析的内容

根据迈克尔·波特教授对竞争对手分析的模型，企业竞争对手分析的内容应该包括以下几个方面（见图 3-2），即竞争对手的未来目标、现行战略、假设和能力。他认为通过对这四个方面的分析可预先对竞争对手的反应有个概括的了解。

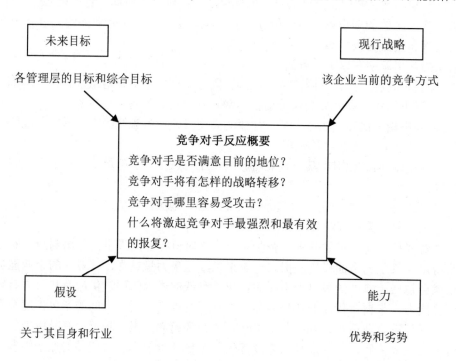

图 3-2　竞争对手分析的内容

1. 未来目标

通过对竞争对手未来目标的分析与了解，可以预测竞争对手对其目前的市场地位以及财务状况的满意程度，从而推断其改变现行战略的可能性以及对其他企业战略行为的敏感性。分析竞争对手的未来目标，主要应包括以下内容。

（1）竞争对手已声明和未声明的财务目标是什么？其对各种目标（比如获利能力、市场占有率、风险水平等）之间的矛盾是如何权衡协调的？

（2）竞争对手追求的市场地位总体目标是什么？是希望成为市场的绝对领导者，还是成为领导者之一，或是一般的跟随者、竞争参与者、后来居上者、安于做一个积极进取的新手？

（3）竞争对手各管理部门对未来目标是否取得一致性意见？如果存在明显的分歧甚

至派别，是否可能导致战略上的突变？

（4）竞争对手的核心领导者的个人背景以及工作经验如何？其个人行为对整个企业未来目标的影响如何？

（5）竞争对手的组织结构如何？这种结构对诸如资源分配、价格制定和产品创新等关键决策方面的责权分布如何？激励机制如何？财务制度和惯例如何？

对竞争对手未来目标的分析非常重要，因为这将会帮助企业避免那些可能威胁到竞争对手达到其主要目标从而引发激烈竞争的战略行动。

制定战略的一种方法是在市场中找到既能达到目的又不威胁竞争对手的位置。了解了竞争对手的目标，就有可能找到每个企业都相对满意的位置。当然这种位置不会永远存在，特别是要考虑到新入侵者可能会尝试着进入一个每家公司都经营良好的行业。大多数情况下，企业不得不迫使竞争对手让步以实现其目标。为此，企业需要找到一种战略，使其通过利用自己明显的优势来抵御现有竞争对手和新进入者的威胁。

2. 假设

自我假设包括竞争对手对自身的评价和对所处行业以及行业中其他企业的评价。自我假设往往是企业各种行为取向的最根本动因，所以了解竞争对手的自我假设，有利于正确判断竞争对手的战略意图。

每个企业都对自己的情形有所假设。例如，它可能把自己看成社会上知名的公司、行业的领袖、低成本生产者、具有最优秀销售队伍等。这些对其本企业的假设将指导它的行动方式和对事物的反应方式。例如，如果它自视为低成本的生产者，它可能以自己的降价行动来惩罚某一降价者。

竞争对手关于本企业情形的假设可能正确也可能不正确。不正确的假设可造成令他人感兴趣的战略契机。例如，假如某竞争对手相信它的产品拥有市场上最高的顾客忠诚度，而事实上并非如此的话，则刺激性降价就可能是抢占市场的好方法。这个竞争对手很可能拒绝做相应降价，因为它相信该行动并不会影响它的市场占有率。只有发现已经丢失了一大片市场时，它可能才意识到其假设是错误的。

一般来说，分析竞争对手的假设，至少应包括如下内容。

（1）竞争对手如何看待自己在成本、产品质量、技术等关键战略因素等方面的地位和优劣势？竞争对手的这种自我评价是否准确、适度？

（2）竞争对手如何估计同行业中的其他企业的潜在竞争能力？是否过高或者过低地估计了其中的任何一位？

（3）竞争对手如何预测产品的未来需求和行业的发展趋势？它的预测依据是否充分可靠？对其当前的行为决策有何影响？

3．现行战略

对竞争对手现行战略的分析，目的在于揭示竞争对手正在做什么及能够做什么。主要包括如下几个方面的内容。

（1）竞争对手的市场占有率如何？产品在市场上是如何分布的？采取什么样的销售方式？有什么特殊的销售渠道和促销策略？

（2）研究开发的能力如何？投入资源如何？

（3）其产品价格如何制定？在产品设计、要素成本、劳动生产率等因素中哪些产品对成本影响较大？

（4）采取的一般竞争战略是属于成本领先战略，还是差异化战略，还是集中化战略？

4．潜在能力

对竞争对手潜在能力的分析，是竞争对手分析过程中的一项重要内容，因为潜在能力将决定竞争对手对其他企业战略行为做出反应的可能性、时间选择、性质和强度。主要包括以下几个方面内容。

（1）核心能力。竞争对手在各个职能领域内的潜在能力如何？最强之处是什么？最弱之处在哪里？随着竞争对手的成熟，这些方面的能力是否可能发生变化？随着时间的推移是增强还是减弱？

（2）增长潜力。在人员、技术、市场占有率等方面有增长潜力吗？财务方面、对外筹资方面是否能够支持增长？

（3）快速反应能力。竞争对手在财务、生产能力和新产品等方面是否存在着对竞争者的行为迅速做出反应或发动即时进攻的能力？

（4）适应变化的能力。竞争对手能够适应诸如成本竞争、服务竞争、产品创新、营销升级、技术升迁、通货膨胀、经济衰退等外部环境的风云变幻？是否有严重的退出障碍？

（5）持久力。竞争对手维持一场长期较量的能力如何？为维持长期较量会在多大程度上影响收益？

二、竞争对手的反应概要

对竞争对手的未来目标、假设、现行战略以及能力进行了分析之后，企业就可以提出一些关键问题。这些问题的回答将构成竞争对手将如何反应的概要。

1．攻击行动

也就是预测对手可能发起的战略变革。

（1）对现有地位的满意度。把竞争对手（及其母公司）的目标与其现有地位进行比较，预测竞争对手是否着手发起战略变革？

（2）可能采取的行动。根据竞争对手相对于现有地位的目标、假设及其能力，竞争对手最可能做什么样的战略变革？

（3）行动的力度及其严肃性。对竞争对手目标和能力的分析可用来评估这些可能行动的期望力度。同样，估计竞争对手从这次行动中所能获取的利益也是重要的。分析对手此次行动的可能收获与对竞争对手目标的了解相结合，就可以判断竞争对手面对抵抗采取行动的严肃性。

2．防御能力

（1）脆弱性。竞争对手对哪些战略行动和哪些政府的、宏观经济的或产业事件最为脆弱？对于哪些行动的报复或追随要求太多资本，因而竞争对手不能冒此风险？

（2）刺激性行动。哪些行动或事件将会招致竞争对手的报复，尽管报复会付出高昂的代价并且可能导致财务状况紧张？即哪些行动将极大地威胁竞争对手的目标和地位，以致迫使它采取报复，无论愿意与否？大部分公司都有痛点（Hot Button），或者在受到威胁时将做出超常反应的领域。痛点强烈地反映在既定目标、感情上的承诺等方面。只要可能，应尽量避免触及。

（3）报复的有效程度。从竞争对手的目标、战略、现有能力以及假设等条件考虑，竞争对手对于哪些行动或事件的反应会受到妨碍以致不能迅速地和／或有效地做出反应？采取哪类行动，会使竞争对手希望赶上或超过的努力变得无效？

3．选择战场

假设竞争对手们要对某企业发动的进攻进行报复，则该企业的战略要点就是选择最佳战场与它的竞争对手作战。这个战场是竞争对手们准备不足、热情不足或对竞争最感发怵的细分市场或战略方面。

理想的情况是找到一个令竞争对手在当前条件下无法报复的战略。过去和现行战略的惯性可能使竞争对手追随某些行动的代价太大，而对发起这些行动的公司而言，代价和困难要小得多。

三、市场信号

市场信号是指一个竞争对手的任何行动。这种信号能够直接或间接地反映竞争对手的战略意图、动机、目标或内部情况。因此，发现和准确地识别竞争对手的市场信号，对于制定竞争战略具有很重要的意义。从竞争对手的行为中发现信号是对竞争对手分析

的有效补充因素。

但是,由于竞争的复杂性、激烈性和残酷性,竞争对手提供的市场信号有的是真实的,有的则是虚假的,用于欺骗误导其竞争对手的。所以,利用市场信号对竞争对手进行分析,一定要注意市场信号的真伪。要做到这一点,除了要将市场信号与竞争对手的未来目标、自我假设、现行战略与潜在能力结合起来分析之外,还要注意以下两点。

(1)考察竞争对手的"宣言"或信息发布是否与其实际行动相一致;

(2)利用历史资料辨别市场信号的真伪,对竞争对手过去行为的"温故而知新"可能会发现其现实行为的某些真正原因。

市场信号多种多样,采取何种形式主要依据竞争对手的行为及使用媒介而定。比较重要的市场信号形式有以下几种。

1.提前宣告

提前宣告的形式、性质、时间可能是有力的信号。提前宣告是竞争对手使用的一种正式的信息传递方式,表明它可能采取也可能不采取某种行动,如扩建工厂、推出新产品、调整产品价格等。一般来说,这种信号可能具有以下几种互补排斥的信号功能。

(1)抢先于竞争者占领有利地位,如宣布增加生产能力,就有可能使希望其他准备增加生产能力的企业重新考虑已做出的选择;

(2)威胁竞争对手,防止过度竞争引发的两败俱伤;

(3)试探竞争对手的观点或态度;

(4)调节矛盾,避免竞争者的报复和价格战,如某公司在决定降价之前,事先宣布降价是因为成本变动而非进攻性手段,从而防止竞争对手的报复和反击;

(5)向金融机构传送信息,以达到提高股票价格和企业信誉的目的。

需要注意的一点是,宣告可能会是欺骗。在某种极端情况下,一个宣告可能是一项精心设计的骗局,以造成竞争对手为加紧防御并不存在的威胁而耗费资源。

提前宣告并不因它可执行或不可执行而随意采用,无论是否履行,它对公司信誉都将产生至关重要的连带关系。所以,只有在极端情况下,企业才能设计和使用虚张声势的提前预告。

提前宣告可采取多种多样的媒介,如正式对新闻界透露,管理人员对证券分析人员的讲话,与新闻界会见等。宣告选择的方式是宣告者潜在动机的一种线索。宣告越正式,宣告者越希望信息被送达,也越希望宣告的听众更广泛。宣告的媒介物也影响到什么人可以收到信息。在专业杂志上发表的宣告可能仅仅被竞争对手和本行业其他企业所注意。这种宣告与对广大证券分析人士和全国性商业报刊所做的宣告具有不同的含义。对广泛听众所做的提前宣告可能形成要采取某些行动的公开承诺,这种宣告具有威慑价值,撤回这种宣告非常困难。

2. 事后宣告

竞争对手经常在事实发生之后宣布（证实）行动或结果，如新建工厂、新辟市场、兼并收购等，这就是事后宣告。其目的是让其他企业注意此信息而改变其行为。应该强调的是，事后宣告大都反映竞争对手的真实情况，可信程度比较高，但也不乏为了达到某种战略目的，用人为夸大或缩小的市场信息来欺骗视听，用引人误解的资料干扰竞争者正常选择的情况。如一些与数据有关的宣告，像市场份额等，并不通过审计，也不完全符合任何审查程序和责任。当企业认为某些数据具有抢占的性质或能够传达某种行动信息时，它们有时宣布误导性的数据。这种战术的一个例子是宣布包括相关产品在内的销售数字，这个数字使表面的市场占有率变大。

3. 竞争对手对行业的公开讨论

竞争对手常常对行业情况发表看法，如行业的技术和产品发展前景，需求与供给能力的预测，成本与价格变动的趋势等。这些看法常常暴露出竞争对手制定战略时关于行业发展的假设，包含着美好的愿望或难以避免的残酷竞争的忧虑，潜藏着自己努力的方向和期待的机会。同时，竞争对手也可能通过对行业的评价来提高自己的竞争地位，表明对竞争对手和解、合作或发泄不满的态度，甚至通过评价主要竞争对手在行业中的表现来构造对自己更为有利的竞争地位或减轻行业的紧张程度和竞争压力。

4. 竞争者对自己行动的讨论和解释

竞争对手常常在各种场合宣传自己的战略或公开解释自己的行动，从而用尽可能大的影响力来为自己赢得同行业优势制造舆论。一个企业公开讨论和解释自己的行动至少有以下三项积极功能。

（1）使人们相信其行动的合理性与合法性；

（2）告知其他竞争对手自己抢先采取行动或抢先进入某一领域，既表明这种行为不是一种挑衅，同时又能有效地阻止实力弱于自己的企业大规模进入；

（3）强调自己的实力和为此付出的巨额资金，恐吓其他竞争者不要进入，否则就可能导致残酷的竞争。

5. 交叉回避

所谓交叉回避，是指当某公司在某领域采取有关行动时，竞争对手并不直接在该领域做出反应，而是在另一个能影响该公司的领域内采取行动的间接反击方式。这种交叉回避的间接反击方式，一方面，可避免直接的对抗和冲突，减轻直接反击所导致的风险和损失；另一方面，可以向竞争对手发出不满或警告的信号，使其收敛进攻性行为。例如，不同公司在市场交叉渗透，并在对方占有优势的市场上占有一定的市场份额，是一

种有效阻止过度竞争的潜在障碍物。

四、了解竞争对手信息的情报系统

对竞争对手进行分析需要大量的信息资料。大量丰富的信息资料是在长期的一点一滴积累过程中形成的,而不是一次性工作中就能形成的。没有长期的资料积累,就不可能全面综合了解竞争对手的情况,也就不可能制定有效的、针对性强的竞争战略。

分析竞争对手的资料来源非常广泛,但最重要的来源包括:竞争对手高层领导人的公开讲话、经营业绩报告、财务报告及公开发表的战略规划;市场研究组织、同业竞争者、供应商、主要客户、金融机构、商业报刊对竞争对手的调查与研究报告及评价;企业营销人员特别是处于第一线指挥的高级管理人员和销售人员对竞争对手的分析与评价。

研究竞争对手不仅需要长期艰苦细致的工作和适当的资料来源渠道,而且需要建立保障信息效率的组织机构——竞争对手信息的情报系统。有专人负责的专门组织机构及其运作机构是提高信息收集、整理、分析、判断等工作效率的重要保障。由于竞争对手分析的重要性和复杂性以及资料来源的多渠道性,收集、汇编、分类、整理、分析、传递等不可能依赖一个人,必须通过一定的组织形式,集合一批责任心强、眼光敏锐、专业知识深厚、逻辑分析能力高超的人去完成。无论企业规模大小、实力强弱,都应当有专人和专门组织进行竞争对手分析的研究,通过他们对信息的收集、整理、分析和传递,为制定企业战略提供重要的依据。

五、战略组群分析

简单与实用的分析方法在很多情况下是有效的。企业在确定竞争对手时,不妨尝试着从"战略组群"这一角度来加以分析。

战略组群没有精确的定义,但是一般被认为是由一些具有相似的能力,满足相同细分市场中的顾客的需求,提供具有同等质量的产品和服务的组织组成。不同战略组群内的企业在产品差异化程度上、目标市场和细分市场上、品牌数量上、产品的服务与推广上以及企业的规模上都大大不同。企业最直接的竞争对手是和它处于同一个战略组群中的企业,而不是在其他战略组群之中。以住宿业为例,我们可以看到该行业中有许多重要的战略组群。尽管丽兹酒店(Ritz Hotel)和速8旅馆(Super 8)提供相同的服务(为客人提供食宿),但它们所处的战略组群截然不同。它们不可能吸引相同的顾客,而且它们的产品、销售渠道、特性和价格也会完全不同。

 本章案例

可乐双雄的战略选择与战术交锋①

一、可口可乐和百事可乐的战略选择

世界上第一瓶可口可乐于1886年诞生于美国,距今已有100多年的历史。这种神奇的饮料以它不可抗拒的魅力征服了全世界数以亿计的消费者,成为"世界饮料之王",甚至享有"饮料日不落帝国"的赞誉。但是,就在可口可乐如日中天之时,竟然有另外一家同样高举"可乐"大旗、敢于向其挑战的企业,宣称要成为"全世界顾客最喜欢的公司",并且在与可口可乐的交锋中越战越强,最终形成分庭抗礼之势,这就是百事可乐公司。

世界上第一瓶百事可乐同样诞生于美国,那是在1898年,比可口可乐的问世晚了12年。当时,一个名叫凯莱布·布拉伯汉的人配制出一种叫作"布拉德"的用来治疗消化不良的药剂,这种药剂清爽可口,不久他将这种消化药改成饮料。由于它的味道同配方绝密的可口可乐相近,于是便借可口可乐之势取名为百事可乐。

1. 可口可乐战略选择中的遗憾

由于可口可乐早在10多年前就已经开始大力开拓市场,到百事可乐问世时可口可乐早已声名远扬,控制了绝大部分碳酸饮料市场,在人们心目中形成了定势,一提起可乐,就非可口可乐莫属。百事可乐在第二次世界大战以前一直不见起色,曾两度处于破产边缘,饮料市场仍然是可口可乐一统天下。但此时的可口可乐也曾犯过一个战略性的错误:可口可乐本来可以有多次机会吃掉百事可乐,但因蔑视弱小竞争者而未采取这一战略举措,到后来形成了双雄对峙的局面。

第一次世界大战结束后,可口可乐和百事可乐都在大量购买砂糖储存这个问题上失算,损失都不少。但是,实力雄厚的可口可乐并未伤元气,而利薄本小的百事可乐却支撑不住了。百般无奈的凯莱布·布拉伯汉恳求可口可乐买下百事可乐公司。可口可乐总裁伍德拉夫根本不把奄奄一息的企业放在眼里,他傲慢地说:"我们可口可乐是世界上最优秀的饮料,我们懒得理会任何别的液体。"

---

① 李剑锋,王均之. 战略管理十大误区[M]. 北京:中国经济出版社,2004.

百事可乐公司又苦苦撑了几个月，凯莱布·布拉伯汉把公司卖给了梅伽戈。然而，梅伽戈也无力回天。几年之后，他步凯莱布·布拉伯汉后尘，再次希望可口可乐买下百事可乐，可口可乐仍然不屑一顾，反而问道："咦，你怎么会产生我会对可口可乐之外的饮料感兴趣的想法？"百事可乐于是第二次破产。后来，一家糖果公司的总裁古斯买下了百事可乐的商标，同样的一幕又出现了，古斯开出5万美元的价格想将百事可乐卖给可口可乐，然而可口可乐的当权者们却说："5万美元？百事可乐怎么可能值5万美元？想敲诈我们吗？别开玩笑了。"

可是，可口可乐公司的领导者怎么也没有想到，他们不屑一顾的百事可乐，目前已成为一代饮料巨人，可口可乐不得不集中精力与之竞争。早知有现在，何必当初傲慢，若早早买下百事可乐，就不会有后来的龙虎斗了。为此，可口可乐悔不当初。

2. 可乐双雄的战略定位

在"二战"以前，可口可乐一直处于绝对优势地位，百事可乐是无力与之抗衡的。直到"二战"以后，百事可乐才逐渐强大起来，绞尽脑汁侵占了可口可乐的一部分市场份额，但在多数国家或地区的饮料市场中，可口可乐仍占据明显优势。因此，在可口可乐和百事可乐的市场竞争中，可口可乐是市场领导者，百事可乐是市场追随者（挑战者）。

可口可乐作为可乐市场龙头，百余年的兴盛，得益于其科学的战略管理。以下是可口可乐公司20世纪90年代的战略目标的摘要。

我们面临的挑战：使我们目前极为成功的主要事业以及可能从事的新事业的利润不断增长，使利润率大大高于通货膨胀率，让股东们获得超过平均水平的投资总收益。要把继续维持和提高本公司产品举世无双的地位，作为我们的基本目标。

我们的事业：到20世纪90年代，在世界上每一个对我们经济上适合的国家里，我们将继续保持或成为软饮料业的统治力量，将继续重视世界范围内的产品质量，以及在不断扩大的市场上提高市场占有率。我们将从事现在尚未涉及的行业，然而，我们不会远离我们的主要优势：顾客对我们产品完美无缺的印象；对世界各地工商界情况的详细了解和良好的关系。最后，我们将孜孜不倦地去调查那些补充我们产品线和与顾客印象相匹配的各种服务。

我们的顾客：公司各级管理人员都应竭尽全力为我们的产品饮用者和顾客，以及与顾客相联系的零售和批发销售网服务。这是我们的主要目标，世界是我们活动的舞台，我们必须在这个舞台上赢得市场经营的胜利。

我们的股东：在下个10年内，我们仍然对股东们完全负责，保护并增加他们的投资和对公司的信任，保持公司的特点、风格、产品、形象。

我们的基准线：我们的财务观点并不复杂，但要自始至终地实现财务目标，并在动荡不安和通货膨胀的年代实现实际利润的有效增长，仍需极大的勇气和责任感。

我们的员工：我们的员工在20世纪80年代发展中缺乏勇气和责任感。20世纪90年代我们还要向整体性和公正性努力，这四种道德观应在我们组织内融为一体，从而使我们的所作所为产生出领袖人物、优秀的管理者，最重要的是产生出企业家。我们将以创新精神取代消极反应，激励有识之士敢于去冒风险。同时，我们必须培育"国际大家庭"的观念，这是我们传统精神的组成部分。在公司内部，所有雇员都有同样的成长、发展和晋升的机会，他们的进步将仅仅取决于他们个人的能力、抱负和成就。

我们的能力和智慧：当跨入20世纪90年代时，我们全公司职工都以自己的方式显示出了：

（1）有洞察当前行动的长期后果的能力；

（2）如有必要，宁肯为长期利益牺牲短期利益的意愿；

（3）具有能预测并适应变化（顾客生活方式的改变、顾客爱好和需要的改变）的敏感性；

（4）有责任感，能以良好的方式管理我们的企业，使我们在业务所及的每个国家中，总是受到欢迎并成为该国工商业的重要部分；

（5）有控制一切可控制因素的能力和不受无谓干扰的智慧。

百事可乐作为市场追随者，有两种战略可供选择：向市场领导者发起攻击以夺取更多的市场份额；或者是参与竞争，但不让市场份额发生重大改变。显然，经过近半个世纪的实践，百事可乐公司发现，后一种选择连公司的生存都不能保障，是行不通的。于是，百事可乐开始采取前一种战略，向可口可乐发出强有力的挑战，这正是"二战"以后斯蒂尔、肯特、卡拉维等"百事英才"所做的。

二、可乐双雄的战术交锋

1. 百事可乐的挑战

在"二战"以前长达半个多世纪的岁月中，可口可乐一直独霸饮料市场，是饮料王国中名副其实的巨人，百事可乐只能远远地跟在后面充当一个小而又小的"兄弟"。随着时光的推移，"小兄弟"百事可乐逐渐变得成熟起来，向"可口可乐"发起了挑战。

（1）在包装和商标设计上下功夫

经过仔细研究，百事可乐发现可口可乐有一个致命的弱点：几十年过去了，可口可乐的配方、它的经营原则，甚至装可口可乐的瓶，都没有任何变化。在亚特兰大，可口可乐的经理们还配合那种古老、奇特的瓶子推出一种自动冷饮机，投入一枚五分硬币，即可买到一瓶可口可乐。于是，百事可乐大胆地改变了自己的"包装"，向市场推出一种

12 盎司的新型瓶装百事可乐（可口可乐为 6.5 盎司的瓶装），售价也是 5 分钱一瓶。一时间，亚特兰大城内到处是"五分钱买双份"的喊声。面对百事可乐的挑战，可口可乐束手无策，只好大幅度降价。

在商标设计上，百事可乐也煞费苦心，充分反映了其与可口可乐不同的特色和定位。可口可乐选用的是红色，在鲜红的底色上印着白色的斯宾塞体草书"Coca-Cola"字样，白字在红底的衬托下，有一种悠然的跳动之态，草书则给人以连贯、流线和飘逸之感，红白相间，用色传统，显得古朴、典雅而又不失活力。百事可乐则选择了蓝色，在纯白的底色上是近似中国行书的蓝色字体"Pepsi Cola"，蓝字在白底的衬托下十分醒目，呈现出活跃、进取之态。众所周知，蓝色是精致、创新和年轻的标志，高科技行业的排头兵 IBM 公司就选用蓝色为公司的主色调，被称为"蓝色巨人"，百事可乐的颜色与它的公司形象和定位达到了完美的统一。

（2）发动广告宣传攻势

1960 年，可口可乐以 5:1 的绝对优势压倒百事可乐，BBDO（巴腾—巴顿—德斯廷和奥斯本）广告公司分析了消费者构成和消费心理的变化，针对可口可乐的"老传统"形象，发动广告大战，把百事可乐描绘成"年轻、富有朝气、富有进取精神"，仿佛喝了百事可乐，人也会变得朝气勃勃一样。经过这样一番大张旗鼓的宣传，喝百事可乐成了"新潮流"的代表，而喝可口可乐则成为"因循守旧、不合时尚"的象征，百事可乐的销售额猛增。经过 4 年的酝酿，"百事可乐新一代"的口号正式面市，并一直沿用了 20 多年。10 年后，可口可乐试图对百事可乐俘获下一代的广告做出反应时，它对百事可乐的优势已经减至 2:1 了。当可口可乐对此做出反应时，百事可乐已牢牢地巩固了自己的"阵地"。而此时，BBDO 又协助百事可乐制定了进一步的战略，向可口可乐发起全面进攻，被世人称为"百事可乐的挑战"。其中最出色的是品尝实验和其后的宣传活动。

1975 年，百事可乐在达拉斯进行了品尝实验，将百事可乐和可口可乐都去掉商标，分别以字母 M 和 Q 做上暗记，结果表明，百事可乐比可口可乐更受欢迎。随后，BBDO 公司对此大肆宣扬，在广告中表现的是，可口可乐的忠实主顾选择标有字母 M 的百事可乐，而标有字母 Q 的可口可乐却无人问津。广告宣传完全达到了百事可乐和 BBDO 公司所预期的目的：让消费者重新考虑他们对"老"可乐的忠诚，并把它与"新"可乐相比较。可口可乐对此束手无策，除了指责这种广告行为比较不道德，并且吹毛求疵地认为人们对字母 M 有天生的偏爱之外，毫无办法。结果，百事可乐的销售量猛增，与可口可乐的差距缩小为 2:3。

1983 年底，BBDO 广告公司又以 500 万美元的代价，聘请迈克尔·杰克逊拍摄了两部广告片，并组织杰克逊兄弟进行广告旅行。这位红极一时的摇滚乐歌星为百事可乐赢得了年轻一代狂热的心，广告播出才一个月，百事可乐的销量就直线上升。据百事可乐公司自己统计，在广告播出的一年中，大约97%的美国人收看过，每人收看达12次。

（3）从真空地带占领市场空间

百事可乐不仅在美国国内市场上向可口可乐发起了最有力的挑战，还在世界各国市场上向可口可乐挑战。与国内市场完全一样，百事可乐因为可口可乐的先入优势已经没有多少空间。百事可乐的战略就是进入可口可乐公司尚未进入或进入失败的"真空地带"，当时公司的董事长唐纳德·肯特经过深入考察调研，发现苏联、亚洲、非洲还有大片空白地区可以有所作为。

在苏联市场的开拓上，肯特的至交、美国前总统尼克松帮了大忙。1959年，美国展览会在莫斯科召开，肯特利用他与当时的美国副总统尼克松之间的特殊关系，要求尼克松"想办法让苏联领导人喝一杯百事可乐"。尼克松显然同赫鲁晓夫通过气，于是在各国记者的镜头前，赫鲁晓夫手举百事可乐，露出一脸心满意足的表情。这是最特殊的广告，百事可乐从此在苏联站稳了脚跟，这对百事可乐打入苏联国家和地区也起了很大的推动作用。但是，百事可乐虽然进入了苏联市场，却未能实现在苏联建立工厂，垄断可乐在苏联销售的计划。于是，1975年，百事可乐公司以帮助苏联销售伏特加酒为条件，取得了在苏联建立生产工厂并垄断其销售的权力，成为美国闯进苏联市场的第一家民间企业。这一事件立即在美国引起轰动，各家主要报刊均以头条报道了这条消息。

在以色列，可口可乐抢占了先机，先行设立分厂。但是，此举引起了阿拉伯各国的联合抵制。百事可乐见有机可乘，立即放弃本来得不到好处的以色列，一举取得中东其他市场，占领了阿拉伯海周围的每一个角落，使百事可乐成了阿拉伯语中的日常词汇。

20世纪70年代末，印度政府宣布，只有可口可乐公布其配方，它才能在印度经销，结果双方无法达成一致，可口可乐撤出了印度。百事可乐的配方没有什么秘密，因此它乘机以建立粮食加工厂、增加农产品出口等作为交换条件，打入了这个重要的市场。

2. 可口可乐的回击及双雄的厮杀对阵

（1）可口可乐当仁不让

1978年，一份6月12日出版的《商业周刊》，放在新上任的可口可乐美国分公司经理布莱恩·戴森零乱的办公桌上，杂志封面上的头号标题是"百事可乐荣膺冠军"。此时百事可乐正在迅速缩短与可口可乐在销售额上的差距。在可口可乐公司，自从戴森1977年上任以来，美国可口可乐集团的总经理唐纳德·基奥就一直缠着戴森，让他来对付百事可乐的"挑战"。这是一年前百事可乐公司挑起的一场大规模广告宣传战，通过电视广告中不看商标的品尝试验来比较百事可乐和可口可乐的优劣。这次挑战为百事可乐在国内的销售超过可口可乐助了一臂之力。可口可乐必须进行反击，否则，就有可能失去一

个世纪以来它在软性饮料市场上独占鳌头的地位。

首先,可口可乐要阻止百事可乐的进逼,随后这个饮料巨人就要进行反攻,夺回对手已经取得的那部分市场。戴森和基奥一致认为需要打一场计划周密的、进攻性的防御战。1979年6月15日星期五,在旧金山市的大礼堂里,可口可乐公司推出了一条新的广告:"一杯可口可乐给您一个微笑。"整个城市到处都出现了这条标语,坐落在联合广场上的凯悦旅馆的屋顶上,系着巨大的氢气球,上面装饰着这条标语;城乡各处的旗子上写着这条标语;甚至零售商店的橱窗里也展示着可口可乐公司的这桩大事。而真正的明星在一次电视广告特别节目里:匹兹堡的斯蒂勒橄榄球队的防守前锋"老练的乔·格林"在球场上苦战了一天之后,一瘸一拐地向更衣室走去。路上,一个小男孩递给他一杯可口可乐。老练的乔不情愿地接过杯子,一饮而尽,马上变得精神焕发。他叫住正要离去的小男孩:"嘿!小伙,接着!"说着把脏球衣扔给孩子,露出一个开心的微笑。这则广告成经典之作,为可口可乐的新"微笑"口号大增光彩。

包装商们欣喜若狂。新的广告战无疑是一场胜仗,是新经理一次鼓舞士气的讲演,标志着公司战略上的重大转变。亚特兰大总部变得更富进攻性,为与百事可乐展开面对面的斗争作了更为充分的准备。可口可乐公司正东山再起。

(2)百事可乐要一拼高低

百事可乐挑战的策划者们也在注意着可口可乐公司的一举一动。无论在超级市场还是在冷饮店里,调查数字表明百事可乐的销售额在稳扎稳打地上升。只有三十多岁的美国百事可乐公司经理约翰·斯卡利坚信,基于味道和销售这两个根本原因,百事可乐终将战胜可口可乐。

一次又一次的试验证明,消费者们,特别是年轻人,更喜欢百事可乐较为甜美而柔和的味道。随着"百事可乐的一代"的成长,长期以来可口可乐对市场的束缚将烟消云散。凭着他在费城的沃顿学校所学的市场学课程,斯卡利知道,百事可乐公司作为这个行业的第二号企业,能够承担广告竞争的高昂费用。

可口可乐公司坚决不肯把可口可乐的商标用于该公司生产的任何其他软性饮料,百事可乐公司则不然,它毫不在乎把自己的牌子用于无糖百事可乐。它也不必像可口可乐公司那样同独立的大型包装公司进行争执,这使得它的总部更容易制订强有力的市场战术。

(3)未来的路还很长

在1986年即将来临的时候,百事可乐公司宣布将从菲利普·莫里斯公司收买"七重天"公司。因为"七重天"公司曾以"无咖啡因,从来没有,永远没有"的广告口号大力宣传无咖啡因饮料的声誉。百事可乐的官员们扬言,这一结合可以使百事可乐公司一举超过可口可乐的全部市场份额。1990 年,百事可乐在它诞辰 92 周年的时候终于赶上了竞争对手,可乐双雄形成了平分市场的局面。但是,两种可乐的战斗还没有结束,它们仍将在相互制约与竞争中,不断调整自身的战略和战术以谋求发展。

案例讨论题

1. 结合案例谈谈你对竞争对手的认识。
2. 假若你是可口可乐或百事可乐的负责人,你如何来分析你的竞争对手?

本章思考题

1. 旅游企业管理者为什么必须了解企业的外部环境?
2. 旅游企业战略分析的总体环境因素包括哪几个?
3. 描述行业环境的五种力量如何用于确定一个行业的预期平均利润水平?
4. 既然外部环境如此重要,为什么有些企业并没有重视?查找一些不了解外部环境的案例,并讨论不进行外部环境分析的后果。
5. 分析某个企业的外部环境,并假设你将成为这个企业的一分子。对于相应的外部环境,你认为该企业应该做出什么样的应对措施?
6. 同样的外部环境,一个企业视之为机会,而另一个企业视之为威胁,这可能吗?请举例说明。
7. 决定行业进入壁垒高低的因素有哪些?
8. 决定行业内企业之间竞争激烈程度的因素有哪些?
9. 影响买卖方讨价还价能力的因素有哪些?
10. 竞争对手分析模型应该包括的主要内容。

第四章 旅游企业的内部环境分析

过去的行业分析理论强调企业应寻找适宜的行业环境和结构,包括竞争压力较小、本身的市场定位准确等,从而可以获得竞争优势。但是随着竞争的日益激烈,如今的企业几乎找不到所谓竞争程度较低的市场空隙,而且随着技术和市场需求的发展,行业的界限正在被不断争取利润的战略思想打破,各个行业的战略防御也越来越困难。特别是在全球化的经济环境中,各个竞争对手都会努力运用全球化和互联网技术带来的种种便利创建自己的竞争优势,但是反过来,这些技术的广泛运用又使得企业难以在长时间内保持竞争优势。因此,只是通过行业选择来争取高额的利润回报在现在的竞争环境下是不可靠的,企业应仔细考虑自身的资源和能力,确定自己的竞争优势,以赢得稳定的利润增长。这样,企业家的思考重点和学术界研究的重点都转向了企业的内部资源。

当企业家把目光转向企业内部来思考战略过程时,就会意识到如果企业要建立竞争优势,就需要独特的多种资源、能力的混合体,并把这些资源、能力进行必要的整合,从而为企业建立独特的市场地位。

因此,旅游企业战略的制定和实施,除了要必须清楚外部环境的机会和威胁之外,还要弄清企业内部条件上的优势和劣势,以求得企业外部环境、内部条件和战略目标的动态平衡。

通过本章的学习,读者们能够做到:
- ◇ 了解旅游企业内部分析的重要性;
- ◇ 掌握旅游资源的特征、分类及分析方法;
- ◇ 了解旅游企业能力、核心能力的概念,并掌握识别核心能力的四个标准;
- ◇ 描述旅游企业价值链的基本活动和辅助活动;
- ◇ 了解外包的含义、企业实施外包的原因及应注意的问题;
- ◇ 熟悉服务利润链的内容,并掌握简单的战略分析工具。

第一节 旅游企业的资源、能力与核心能力分析

在所有的行业中,不管其行业的盈利水平如何,都有一些方面做得比其他企业成功。

旅游业的情形也是如此。出色的经营者拥有其竞争对手所不具备的独特的能力从而获得了竞争优势,进而最终战胜了他们的对手。企业战略的核心就是研究"如何才能使企业获得更好的业绩——即如何获得竞争优势？"这一问题。

竞争优势,亦称超额利润,通常被视作一个企业战略的总目标。一般来说,如果一个企业比其竞争对手获得更大一部分的利润,那么就可以认为这个企业具有了竞争优势。更高的利润意味着企业可以保留更多的利润进行战略性的再投资,这样企业在整个行业中就一直处于领先于其竞争对手的位置。当这种优越性成功地保持了一段时间时,企业就获得了一种可持续的竞争优势。如果再投资中没能获得更高的利润,那么优势就不能保持下去,企业也就失去了其竞争优势。

因此,所有的竞争优势的起点都必须从分析企业的内部资源和能力入手。这些资源包括技术、人员、品牌、市场网络、组织结构、信息等方面,而所有的竞争优势都是建立在公司的资源和能力上的。企业需要一些与众不同的内在资源和能力,或者资源和能力的不同组合方式。资源产生能力,一些能力又可以转变成核心竞争力。企业就是要运用核心竞争力来超越竞争对手或者在某些方面让对手无法模仿和超越。由企业内部资源转换为能力以及核心竞争力的过程是企业家战略思考的过程,也是企业执行战略意图的过程。能力和核心竞争力是对企业有重大现实意义的概念,也是本章要介绍的关键概念和研究重点。

了解了研究企业内部资源的重要性后,还需要懂得外部环境、内部资源和企业战略之间的关系。可以通过图4-1来明确这个关系。

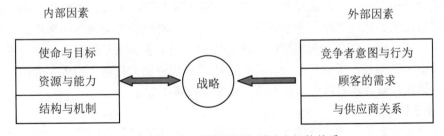

图4-1　企业内、外部环境与战略之间的关系

由图4-1可知,战略的实质,在于通过调整企业本身的资源和能力来抓住外部环境提供的种种机会并规避威胁;意味着企业的领导人要不断地审视战略规划的内外部环境变量,为企业战略的形成和长期的竞争优势的保持提供支持。但是,在一个动态的全球化环境下,一个企业从一个既定的战略中获得的竞争优势是有限的。杰克·韦尔奇认为:"企业若想具有生命力,必须重新定位、重新开始,不断地获取新的创意,更新自己。"然而,

重新开始和获取新的创意意味着企业要认识并且承认自己的竞争优势是有限的，更重要的是要让每个员工都认识到这一点，成为组织的意识。微软公司的创始人比尔·盖茨就曾说，"我们离破产永远只有18个月"。保持对竞争优势的审视也是微软公司具有极大创造力的一个前提条件，如果企业没有彻底理解竞争优势的有限性，那么，学习能力就不能被充分发挥，组织建立新的竞争优势就可能受到限制。这就是为什么在《财富》世界500强排名前50名的公司一般的生命期限只有20年的原因。

一、旅游企业的资源评估

旅游企业的各项经济活动必须建立在自身的资源禀赋之上。所谓资源，是指旅游企业所控制或拥有的有效要素的总和。① 企业的成功，很大程度上是基于企业将它的资源转化为产出的效率。

（一）旅游资源的特征

旅游资源的以下特征将给旅游企业的管理者带来特殊挑战。

1. 不可移动性

许多已使用的旅游资源不管在时间上还是空间上都是不可移动的。比如，某个海滩或山峰、帝国大厦或西班牙文化，它们都具有空间的固定性。阿尔卑斯山二月的雪不能在五月重现；北极"午夜的太阳"也只能在仲夏才能被人们观赏到。

2. 不可替代性

在旅游业中，一种资源通常很难被另一种资源所替代。例如，在制造业中，通过用机器代替员工的方式，即用运营资源替代人力资源，有可能提高效率，事实上也的确如此。但在一家高档酒店、一架航班或一条游艇中，由于服务质量的好坏常常与服务员的数量和质量紧密相连，所以想用像计算机这样的运营资源来代替人力资源显然很困难，而正因为如此，旅游业通常也被认为是一种劳动密集型行业。

3. 竞争性

旅游业对特定资源的广泛的经常性的需求，很容易造成严重的资源冲突与竞争。这是因为如果某种资源已被一种活动所用，就不能再用于其他方面。例如，一块宽阔平坦的海边用地可能既适合旅游业作为度假地来开发，也适合作为一块重工业基地。如果对旅游业的选择先于对重工业的选择，那么在这块土地上发展重工业的机会就丧失了。这种选择的成本被认为是机会成本，即代表被放弃的可选择的机会所带来的潜在的经济

---

① 杨锡怀，冷克平，王江．企业战略管理理论与案例[M]．北京：高等教育出版社，2004．

收益。

这些冲突和竞争可以部分地通过价格机制予以解决，即出价最高者获得资源；也可以通过惯例性限制来解决。比如某些地理区域规定一些特定的活动只能在特定的区域内进行。但是，一定程度的冲突是经常发生的。另外，在地方行政管理的背景下，旅游业还不得不与像教育、社会服务之类的其他活动竞争投资资金。

4．资源的所有权和控制

在旅游业中，企业利用的资源经常不是该企业所拥有或控制的资源，这导致了旅游企业之间很强的依赖性。

例如，航空公司依赖机场提供的实物资源和空中交通运输控制服务中心提供的运营资源。虽然航空公司可能对这些资源的管理方式存在着一定程度的影响力，但却不能直接占有或管理这些资源。

5．季节性

无论是商务旅游还是休闲旅游，对大多数旅游资源和旅游产品的需求都具有明显的季节性。这是气候、休假分布、重大事件、节日、传统的旅游模式等因素轮流作用的结果。因此，企业为补偿资源投入而索要的价格和消费者不得不支付的价格总会根据季节的不同而有所不同。举例来说，远途航班经常会有淡季、旺季、平季的差异，因而价格针对需求的不同也相应地呈现出了较低、较高和适中的水平。

6．低回报率

旅游业通常被认为是边际收益率很低的行业，虽然这不是必然的情况，但旅游业投资回报慢、现金流和盈利水平因敏感而易波动确实是不争的事实。

7．容量约束

旅游资源在某种程度上经常受容量的约束。在旅游业中，这种约束被称之为旅游地的承载力，是指某一景点、度假区或地域，在无害于自身的前提下，接待旅游活动量的能力。承载力理念是可持续发展观念的核心部分。资源的过度利用会导致过度承载和环境的恶化，从而将丧失部分游客。

同样，旅游业中的实物资源和运营资源也经常受容量的制约，至少在中期和短期内是如此。比如一家酒店（实物资源）或一架航班（运营资源）已被预定客满，这时想要迅速增加容量显然是很困难的。然而，对于一个制造业来说，若面临明显的超额需求，其容量通常能马上通过超时工作、增加额外的工作班次或运营产品线的方式快速增加。相反，旅游业当面对需求波动时，供给常显现出其相对的固定性。

这在管理上的启示就是管理者（在短期和中期）应该尽量地影响需求而非供给。为了与有效的供给相匹配，企业可以通过改变价格和促销活动的方式来增加或减少需求。

比如，旅行社在出发日期之前的几周内以特别活动的方式调整价格是很平常的事情；酒店也常根据自身的入住率不时地做出近期的价格调整。这种价格的积极管理（通过上浮或下调来抑制和鼓励需求的做法）是一种能使需求与具有固定性供给相匹配的管理方式。

8. 时间性

与购买有形的商品或其他许多服务不同，旅游消费者在购买旅游服务时除了支付钱以外，还需放弃一种稀缺资源——时间。同金钱一样，时间也有机会成本，即把它用于其他方面所获得的收益。虽然人们愿意把一部分时间花在旅游上，但去旅游的往返时间常被一些消费者视为一种负担，并希望尽可能避免或减少。这在管理上的启示是消费者可能会选择不同的产品：或是愿意为获得某项特殊服务而多付酬金；或是宁可承受一些额外的不方便以享受旅行费用的打折。

比如，近些年来，从欧洲飞往澳大利亚的航班越来越受到休闲旅游者的欢迎。这是因为更新的机型（主要是400系列的波音747飞机）仅仅需要中途的一次着陆加油，而这可以减少该行程时间至大约21小时。为了更有效地利用时间，消费者宁可支付更高的价格也要乘坐过夜远途航班和早班火车。近来，"经济型"（Nofrills）航班受欢迎程度的与日俱增也可部分地由这样一个事实来解释：那就是乘客愿意用一定程度的不方便来换取较低的票价。在国际上，许多航空公司经常利用远离主要城市中心的"第二机场"来提供这种服务。

（二）旅游资源的构成

旅游企业资源的构成非常多样化，基于旅游企业的服务特性，本书将旅游企业的资源分为有形资源、无形资源和无偿资源三类。

有形资源主要包括存货、原材料、机器设备、建筑物、人力资源、资金等。无形资源主要包括技能、知识、品牌、商誉、专利权等。在旅游领域里，资源还包括那些被经济学家称为"无偿资源"（Free Resources）的部分。

有形资源一般从旅游企业的外部获取，但为了获得这种资源，旅游企业必须同来自行业内和行业外的其他企业在资源市场上进行竞争。无形资源通常产生于企业内部，尽管有时很难对其量化，但作为有形资源的价值附加部分，它们经常和有形资源一起在市场上被购买和出售。另外，与资源供应者的关系也是构成企业核心竞争力的重要部分。

旅游业不同于其他行业之处在于"无偿资源"是旅游产品中很重要的一部分。无偿资源是指那些可天然获取的资源，诸如空气、海洋、气候、文化等。由于这种资源可以无限获取，所以并不需要一个分配机制（市场）来把它们配置给客户或消费者。而与此不同，有形资源和无形资源却是稀缺资源，即相对于消费者的需求来说，这些资源的供给总是有限的,所以它们需要市场配置。

(三) 旅游资源的分析

旅游企业常用的资源分析方法有以下两种。

1. 种类分析法

企业资源可以分为有形资源和无形资源。其中有形资源包括企业的实物资源(建筑物、土地、原材料)、运营资源(计算机、机器、飞机、系统等)和财务资源(组织可获得资金的种类和数量)。而无形资源主要有技术资源、声誉资源和创新资源。

(1) 有形资源

有形资源是比较容易确认和评估的一类资产,一般都可以在企业的财务报表上列示。但从战略的角度看,资产负债表上所反映的资产价值是模糊的,有时甚至是一种错误的指示,会计计量原则使得这些会计数据并不总是能真实地反映某项资产的市场价值,更不要说很好地衡量这些资产对于企业的战略价值。

当考虑某项有形资源的战略价值时,不仅要看到会计科目上的数目,而且要注意评价其产生竞争优势的潜力。换句话说,一项账面价值很高的实物资源,其战略价值可能并不大。

在评估有形资产的战略价值时,必须注意以下两个关键问题。

第一,是否有机会更经济地利用财务资源、库存和固定资产。旅游企业可以通过多种方法增加有形资产的回报率,如采用先进的技术和工艺,以增加资源的利用率。即能否用较少的有形资源获得同样的产品或用同样的资源获得更大的产出。

第二,怎样才能结合外部资源,使现有资源更有效地发挥作用。如通过与其他企业的联合,尤其是与供应商和客户的联合,以充分地利用资源。当然,企业也可以把有形资源卖给能利用这些资源获利的企业。实际上,由于不同的企业掌握的技术不同,人员构成和素质也有很大差异,因此它们对一定有形资源的利用能力也是不同的。换句话说,同样的有形资源在不同能力的企业中表现出不同的战略价值。

(2) 无形资源

无形资源是企业不可能从市场上直接获得,不能用货币直接度量,也不能直接转化为货币的那一类经营资产,如企业的经营能力、技术诀窍和企业形象等。无形资源往往是企业在长期的经营实践中逐步积累起来的,虽然不能直接转化为货币,但却同样能给企业带来效益,因此同样具有价值。

在现代的市场竞争中,不同产品质量、价格和功效上的差距已经微乎其微,于是作为无形资源的品牌、知名度、商誉等就成了顾客区分不同产品的新的指标,这也是企业制胜的法宝。例如，在快餐业，麦当劳和肯德基是信誉和知名度最高的品牌，这种巨大的无形资源使得它们一直占据着全球快餐业的大半市场。信誉和知名度高的企业不仅其产品和服务容易被消费者接受，在同样的质量下可以卖出较好的价格，而且可以在融资、借贷方面得到方便和优惠。

另一类重要的无形资源就是企业的创新能力。企业的创新能力是人力资源、企业文化和技术能力共同作用的结果。这在技术主导的行业中显得格外重要。企业的创新能力直接关系到新产品发布的时间以及领先对手的优势。比如，软件行业中的 Microsoft 和著名的 IBM，其丰富的创新资源使得它们有更多的专利、更多的新产品和领先对手的竞争优势。

（3）人力资源

在技术飞速发展和信息化加快的知识经济时代，人力资源在经济组织中的作用也越来越突出；人力资本已经凸现为当代关键的生产要素。大量经验数据表明，那些能够有效地利用其人力资源的企业总是比那些忽视人力资源的企业发展得更快。

所谓人力资源，主要是指组织成员向组织提供的技能、知识以及推理和决策能力的有机整合，我们通常把这些能力称为人力资本。实际上，确认和评价一个企业或组织人力资本的价值是一项困难和复杂的工作，这是因为人们常常根据他们的工作业绩、经验和资历来评价个人的技巧和能力。但这只是表明了每个人的可能潜力，并不等于将这些放在一起共同工作就能发挥出协同效应，也不等于每个个人工作的表现能简单加总为公司的表现。因此，现代企业除了帮助每位员工提高技能之外，必须强调如何提高企业作为一个团队工作的效率。企业人力资源是否得以充分有效地利用还有赖于企业内部的文化氛围，以及建立人与人之间的良好关系和创造不懈追求的企业信念。

在企业的资源中，由于无形资源更难以被竞争对手了解、购买、模仿和替代，所以企业更愿意将无形资源作为它核心竞争力的基础和来源。实际上，一种资源越是不可见，就越是能让建立在它的基础上的竞争优势更具有持久性，而且，无形资源可以被更深地挖掘。很多企业的知识管理就是如此。不同的员工有不同的知识，当企业建立起共享知识库时，所有的员工都可以分享其他人的知识，而同时自己的知识不会减少。这样的无形知识网络越大，网络内的每个人获得的利益就越大。

2．专门性分析法

旅游企业还可以根据资源的专门性进行分析。资源可以是专门性的资源，也可以是一般性的资源。例如，熟练工人是一种趋于专门化的资源，因为他们拥有行业特殊的知识和技能；一些技术，比如计算机软件，像文字处理、数据库、电子表格等（不具有行业专门性），已被广泛用于商业领域，而其他的计算机应用软件，像航空公司或酒店的计算机预定系统、收益管理系统等,在用途上都具有很强的专门性。一般性资源更具适应性,可作为企业能力的基础;专门性资源则更有可能作为核心能力的基础。

二、旅游企业的能力与核心能力分析

(一) 旅游企业的能力

具备一定的物质资源是旅游企业开展经营活动的基础和前提,但资源本身并不能创造价值。企业资源的利用效率,在很大程度上是取决于企业将它们整合的能力。

能力,就是一个行业中的全部或大部分企业所拥有的特性或一些特性的集合。例如,所有的酒店企业在经营、营销和分销中都有很相似的能力(基本能力)。企业的能力,通常由企业内部,如企业的资源、具有的技能、技术或"专有技术"开发而来;也可以从企业外部通过与供应商、分销商与顾客的合作中获得。

由于这些能力与行业中的其他企业所拥有的能力相比没有什么特别之处,也不能给企业带来更好的业绩,所以,虽然这些能力在战略的制定和执行以及市场竞争中起着重要的作用,但是,随着战略理论的发展,人们更多地重视能使企业在与竞争对手的较量中获得竞争优势的"核心能力"或者"特殊能力"。

(二) 旅游企业的核心能力

核心能力,是指能为企业带来相对于竞争对手的竞争优势的资源和能力。核心能力来源于企业的资源和能力,帮助企业从激烈的竞争中脱颖而出,同时反映出企业的特性。作为一种行动的能力,核心能力使得企业能超越竞争对手。通过核心能力,企业使自己的产品和服务为顾客创造出更多的价值。

值得注意的是,并不是企业所有的资源和能力都能成为核心能力的真正来源。有两种工具能帮助企业识别和建立核心能力。第一种工具由四种标准组成,这些标准被用来判别哪些资源和能力是核心能力。第二种工具是价值链分析。企业利用这种工具来遴选出那些需不断维护、更新或发展并能创造价值的核心能力,或者遴选出那些必须外包的一般能力。

1. 识别核心能力的标准

识别一种能力是否是核心能力的标准有四个,它们也称作核心能力的四种战略力量,即有价值的能力、稀有的能力、难于模仿的能力及不可替代的能力。不能同时满足这四种标准的能力就不是核心能力。一般来说,每一种核心能力都是能力,但并非每一种能力都是核心能力。在实际操作中,一种能力要想成为核心能力,必须"从客户的角度出发，是有价值并不可替代的；从竞争者的角度出发，是独特并不可模仿的"。

企业的竞争优势可能来源于有价值的和稀有的资源，但是如果要想获得持久的竞争优势，就一定需要具备无法被竞争对手模仿和抄袭的资源和能力，也就是一定要把四个标准结合起来才能获得持久的竞争优势。

（1）有价值的能力

有价值的能力，是指那些能为企业在外部环境中利用机会、降低威胁而创造价值的能力。有价值的能力让企业在特定的竞争环境下形成战略优势，并为客户创造价值。

（2）稀有的能力

稀有的能力，是指那些极少数现有或潜在竞争对手能拥有的能力。评估这项能力企业应该清楚到底有多少竞争对手拥有这种能力，或者有多少潜在的竞争对手会获得这种能力。有价值的能力如果容易得到，那么这种能力就不能成为企业的战略资产。同样，获得这种能力的对手会立即削弱这种能力给企业带来的价值。

（3）难以模仿的能力

难以模仿的能力，是指其他企业不能轻易建立起来的能力。以下的一种或者三种混合的因素有可能会产生难以模仿的能力。

① 企业基于特定的历史条件发展起来的难以模仿的能力。"企业在发展的过程中，不断地挑选出那些独特的、能反映其特有的历史道路的能力和资源。"在企业创立的时候就开始形成的价值观和信仰能形成独特的组织文化和企业文化，而这些因素的不可见性就让其他企业很难模仿，因为这是隐藏在员工自愿的行为和思想中的。

② 企业的竞争能力和竞争优势之间的界限模糊。因为界限比较模糊，竞争对手就不容易发现企业竞争优势的基础是什么样的竞争能力。所以，竞争对手就无法发现应该具备什么样的资源和能力才能具备对等的竞争优势。丰田汽车公司会邀请它的竞争对手通用汽车公司或者福特汽车公司到它的汽车生产部门去参观，但是这两家美国的汽车公司还是不具备丰田汽车公司的生产效率和员工士气，因为美国的竞争对手们不清楚隐藏在生产优势后面的能力到底是什么。

③ 社会关系的复杂性。社会关系的复杂性因素主要是指企业内部的社会关系和企业外部的社会关系。企业内部的社会关系包括企业员工之间的相互信任、融洽的关系、友谊和默契的配合；企业外部社会关系包括广泛而有价值的客户网络、和供应商之间的相互信任和支持以及企业处理外部关系的声誉等。这些社会关系的复杂性对企业相当重要，但是又不易被察觉和复制，因此成为难以模仿的能力。

（4）不可替代的能力

不可替代的能力是那些不具有战略对等资源的能力。它是能力成为核心能力的最后一个条件。总的来说,一种能力越是难以被替代,它所能产生的战略价值就越高。能力越是不可见,企业就越难找到它的替代能力,竞争对手就越难模仿它的战略以产生价值。

综上所述,企业只有持续性地发展有价值的、稀有的、难以模仿的以及不可替代的能力,才能获得持久的竞争优势。企业的核心能力是否符合这四个条件以及符合的程度怎么样会直接决定企业在竞争中的表现以及竞争的后果。

2. 价值链分析

价值链分析法是根据企业活动的连续过程来分析企业的能力。以下章节我们将重点介绍旅游企业的价值链分析的相关内容。

第二节 价值链分析

一、旅游企业的价值链分析

每一个企业的经营都是一系列创造价值的活动组成的有机整体。这些活动具体包括研发、生产、市场营销、交货以及其他许多与产品服务相关的支持性活动。由于这些创造价值的活动在企业内部犹如一条链条,因而称为"价值链"。

管理大师波特把企业的活动分为两类:一类是基本活动,主要是指那些直接为产品或服务增加价值的各种活动;另一类是辅助性活动,是指本身不直接增加价值,而是辅助基本活动有效进行,从而间接为产品或服务增加价值的各种活动。基本活动的性质及其增加价值的方式在不同的企业中因具体情况不同而不同,但辅助活动在大多数企业通常是相似的。

不同行业、不同类型的企业将有不同的价值链。图 4-2 说明了典型的制造企业的价值链,人们可以根据价值链的每一阶段分析各个阶段的企业能力。

普恩(Poon, 1993)将价值链应用到旅游业上。普恩认为旅游企业的基本活动包括交通运输、现场服务、批发组合、销售和营销、零售与分销和顾客服务等活动组成,而辅助活动则由公司基础、人力资源管理、产品和服务开发、技术与系统开发和采购等活动组成。

价值链分析可以帮助旅游企业管理者能够识别企业最大的价值是从哪些活动获得的,和在哪些环节还存在获得更多价值的潜能。以便了解如何有效并且高效率地组合并协调企业的各种活动。

价值链分析的内容包括以下几项。

◇ 将企业的所有活动进行分解;

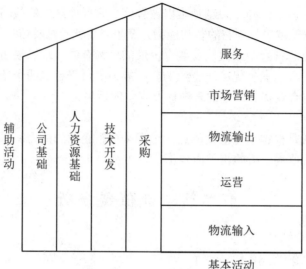

图 4-2 基本的价值链

- ◇ 识别企业的核心活动及其与核心能力、当前企业战略的关系;
- ◇ 识别各单项活动的效益和效率;
- ◇ 检查各种活动之间的联系;
- ◇ 识别削弱企业竞争优势的活动。

值得注意的是,一个企业的价值链是与其他企业,尤其是与供应商和分销商的价值链相联系的。这一价值链的"链"有时也被称为"价值链体系"或"总供应链"。与供应商的关联是向后联系,即上游价值链;而与分销商与顾客的关联是向前联系,即下游价值链。因此,一个企业不能对其价值链进行孤立的分析,而应与其供应商、分销商、顾客的价值链联系起来进行综合分析。没有企业外部供应商和销售商价值活动的支持,整个价值链就会脱节或中断,企业价值目标就难以实现。

价值链分析的一个较有用的技术是与竞争对手的价值链进行比较来识别本企业价值链结构的优势和不足。

尤为重要的是要考虑价值链活动支持当前企业战略的程度,例如,如果企业当前的战略是以提供高质量的产品为基础,那么企业组织起来的活动必须确保能生产出高质量的产品;另一方面,如果企业的竞争主要是依赖于价格,那么企业在组织活动时必须以成本最小化为目的。

价值链分析还可以帮助旅游企业管理者寻找那些若是外包出去,则会给企业带来更多价值的活动。

二、外包

企业的不同活动在价值创造过程中的重要性是不同的。那些最重要的活动被称为企业的核心活动，并与企业的核心能力密切相关。近年来日益增长的一个趋势是企业越来越关注与核心能力相关的核心活动，并将对本企业来说是非核心而对其他企业来说是核心的活动外包。

企业在运用价值链分析法分析其各种经营活动时，如果意识到自己运营某些非核心流程或者活动成本太高，一般就会考虑将这些非核心流程或者活动外包，将资源集中到核心活动上来，以便获得长期的竞争优势。这就是为什么英国航空公司把它的会计和信息技术的一部分功能外包给它的外部供应商的原因。这种企业间互补核心能力的联合增强了所有合作企业的竞争优势。

外包是企业从外部供应商处获得产品和服务的一种行为。在全球化的经济中，外包越来越成为一种趋势，全球价值链分工也日益体现出来。

运用外包模式的主要原因在于，极少有企业拥有在所有基本和辅助活动中都能获得竞争优势所需要的资源和能力。企业总有自己最强的某些方面，通过培养较少数量的核心能力，企业就有可能建立长期的竞争优势。而将自己不擅长或者处于劣势的方面外包，企业可以专注于能创造价值的核心能力。

企业通过外包来寻求最大价值，意味着企业只会把业务外包给那些在该业务上具有核心能力的企业。只有这样，企业才能提高整个价值链的竞争力。

另外，企业必须注意不要把自己那些能创造和获取价值的部分外包出去；也不应该把那些用于缓解环境威胁或用于完成企业任务的基本或辅助的活动外包出去；也不能外包那些对于企业很关键的能力，即使这些能力不是竞争优势的实际来源。

三、服务利润链

20世纪90年代，哈佛大学的一研究小组提出了服务利润链框架。服务利润链确定了在劳动密集型的服务企业里员工是企业盈利和增长的来源这一观点。在服务企业里，劳动力既是总成本的一个重要组成部分，又是能使本企业的服务有别于竞争对手服务的重要手段。服务利润链的目的是为管理人员提供一个管理这类公司的框架。

始于70年代的营销战略对利润影响的研究，发现市场份额是决定企业获利程度的最重要因素之一。而这一发现是通过对许多行业的上千家企业进行了观察研究以后得出的。然而，其他的研究人员对此结论提出了质疑。他们发现在服务行业的公司里，决定企业获利程度的最重要的因素是顾客忠诚度，而不是市场份额。服务利润链在企业的获利程度、顾客忠诚度和员工满意度、忠诚度及其生产率之间建立了相关联系。它们之间的联系如下：

- 企业的利润和收入主要是依赖于顾客的忠诚度；
- 顾客忠诚度是顾客满意度的直接结果；
- 顾客满意度在很大程度上是受顾客所获得的服务价值大小的影响；
- 价值是由满意的、忠诚的和高生产效率的员工创造的。
- 员工满意度主要是源于企业内部高质量的支持服务和相关政策，而这些支持服务和政策能够使员工将满意的服务提供给顾客。

第三节 常用的战略分析工具

一、战略要素评价矩阵法

战略要素评价矩阵法，可以帮助企业战略决策者对企业内部或外部各个领域的主要机会（优势）与威胁（劣势）进行全面综合的评价。具体分析步骤如下。

（1）由企业战略决策者在企业内部或外部战略环境要素中找出关键战略要素。通常列出 10～15 个为宜。

（2）为每个关键战略要素指定一个权重，以表明该要素对企业战略的相对重要程度。权重取值范围从 0.0（表示不重要）到 1.0（表示很重要）。但必须使各要素权重值之和为 1.0。

（3）以 1、2、3、4 各评价值分别代表相应要素对于企业战略来说是主要威胁（劣势）、一般威胁（劣势）、一般机会（优势）、主要机会（优势）。然后以此标准对每一关键战略要素进行评分。

（4）将每一关键战略要素的权重与相应的评价值相乘，得到该要素的加权评价值。

（5）将每一关键战略要素的加权评价值加总，求得企业外部或内部战略环境要素的总加权评价值。然后把这个总加权评价值与第三步中的"四分制"标准比较，就可以判定企业面临的环境机会（优势）与威胁（劣势）程度。

表 4-1 为某旅游企业内部环境战略要素评价矩阵分析情况。从中可以看出，该企业的

主要优势在服务质量，评价值为4，劣势在组织结构上适应性差，评价值为1；从加权评价值来看，服务质量为0.8，员工士气为0.6，这两个关键要素对企业战略产生的影响最大；该企业总加权评价值为2.4。这一评价值如果低于行业平均水平以下，应引起高度重视。

表 4-1　某旅游企业内部环境战略要素评价矩阵

关键战略要素	权重	评价值	加权评价值
员工士气	0.2	3	0.6
服务质量	0.2	4	0.8
现金流	0.1	3	0.3
利润水平	0.15	2	0.3
研发能力	0.05	2	0.1
组织结构	0.3	1	0.3
总加权评价值			2.4

二、SWOT 分析法

SWOT 分析法，是将企业外部环境的机会（O）与威胁（T）、内部环境的优势（S）与劣势（W）同列在一张十字形图表中加以对照，可一目了然，又可以从内外环境条件的相互联系中做出更深入的分析评价。它是一种最常用的企业内外环境战略因素综合分析方法。

SWOT 展示了在分析时企业在相关环境中所处的位置。它本身并不是战略，不应该描述下一步应该做什么等内容；相反，它为规划企业未来战略提供了一个坚固的平台。

SWOT 经常是用表格展示的，图 4-3 展现了一个 SWOT 和其隐含的逻辑。

SWOT 应当有一个战略核心，其中不仅要考虑对企业过去和未来绩效有影响的因素之外，还应该考虑能将企业与其竞争对手相区别的因素。

在勾画 SWOT 表格时应遵守以下原则。

（1）突出关键要点。每个要点应当简短且切中要害，从而能迅速了解概况。表格中每个要点的详细说明应单独列出。

（2）除了关注能够被测量或证明的刚性因素（如财务指标或市场增长的统计数据）之外，还要展示柔性因素。有些柔性因素如组织文化或管理者的领导才能等，可能测量起来比较困难，但它们对企业的绩效而言十分重要。

	帮助企业实现目标的因素	阻碍企业实现目标的因素
管理者控制范围内的内部因素	优势	劣势
管理者控制范围外的外部因素	机会	威胁

图 4-3　SWOT 分析的逻辑关系（Adapted from Wickham，2000）

（3）分析应突出重点并将各要素相结合。最重要的要素应首先被提出而不重要或不具有战略性的要素应当排除在外。有时有必要将各个小的要素相结合，形成一个大的重要观点。例如，如果一项部分是基于企业财务分析的 SWOT 分析，想表明企业财务状况很稳定，那么分析中就不应该再出现高营利性、低杠杆比、适度的负债等单独的要点，不然会混淆陈述内容。该 SWOT 分析就是要说明企业有良好的财务状况，而高营利性、低杠杆比、适度的负债等的相关评价就应该是支撑这个要点的理由。

（4）说明要具体，评价要客观真实。在 SWOT 分析中，最常见的错误就是列出一长串要点，但缺乏逻辑性，没有论点和论据。

为了确保 SWOT 分析能有个核心，每个 SWOT 的标题下最多允许列出 7～8 个要点。但有时，如果列出的要点远远少于六个，就说明了对要素的不够重视。

在图 4-4 中，列出了大量可能包含在 SWOT 中的要点。应当注意的是，该表只是具有示范性，因为每一点会随着个体情况的不同将会有很大的变动。

内部	
优势	劣势
◇ 市场支配地位 ◇ 核心优势 ◇ 规模经济 ◇ 低成本地位 ◇ 领导和管理才能 ◇ 财务和现金资源 ◇ 运营能力和设备的寿命 ◇ 创新的过程和结果 ◇ 组织结构 ◇ 声誉 ◇ 差异化产品 ◇ 好的产品组合 ◇ 产品或服务质量	◇ 市场份额劣势 ◇ 没有核心优势，关键技术水平低 ◇ 陈旧的设备使得成本高于竞争对手 ◇ 财务状况不稳定，现金流不足 ◇ 缺乏领导和管理才能 ◇ 不科学的组织结构 ◇ 差的质量和声誉 ◇ 产品不易被区分 ◇ 没有拳头产品 ◇ 产品集中在产品生命周期的成熟期和衰退期 ◇ 市场份额低
外部	
机会	威胁
◇ 新的市场和细分市场 ◇ 新产品 ◇ 多元化机会 ◇ 市场增长 ◇ 竞争对手的弱势 ◇ 战略空间 ◇ 人口统计和社会变化 ◇ 政治和经济环境的变化 ◇ 新的接管项目或合作机会 ◇ 经济情况好转 ◇ 国际性增长	◇ 新的市场进入者 ◇ 越来越激烈的竞争 ◇ 来自顾客和供应商的压力的增加 ◇ 替代品 ◇ 市场成长缓慢 ◇ 经济周期的低迷期 ◇ 技术威胁 ◇ 政治和经济环境的变化 ◇ 人口统计变化 ◇ 新的国际贸易障碍 ◇ 活动的环境效应 ◇ 新的目的地

图 4-4 SWOT 分析中的一些因素（Adapted from Lynch, 2000）

SWOT 矩阵能帮助企业的经理们识别和制定四种战略：SO 战略（优势-机会战略）、WO 战略（劣势-机会战略）、ST 战略（优势-威胁战略）和 WT 战略（弱势-威胁战略）。规划企业 SWOT 分析最难之处就在于将外部环境和内部条件结合起来分析，这不仅仅需要扎实的理论功底和丰富的实践经验，还需要战略的直觉判断且不遵循固定模式。将我们前面所讲的 SWOT 矩阵展开可以得到如图 4-5 所示的矩阵。

	内部优势	内部劣势
外部机会	SO 战略 战略意图：利用优势，抓住机会	WO 战略 战略意图：利用机会，克服威胁
外部劣势	ST 战略 战略意图：利用优势，规避威胁	WT 战略 战略意图：最小化劣势并规避威胁

图 4-5　SWOT 矩阵的展开

从图 4-5 不难发现，SO 战略用一个企业的内部优势去利用外部机会。所有的经理都希望其组织能运用内部资源优势来充分利用外部机会和其他环境要素。而大多数企业都想运用 WO、ST 或者 WT 战略来让组织进入一个良好的战略位置，以便实施 SO 战略。当一个企业发现了自己的劣势时，就会竭尽全力克服弱点，甚至把弱点转化为优势。当一个企业面临外部环境威胁时，就会尽力规避威胁，以便让自己专注于外部机会。

WO 战略的意图在于利用外部机会来改善内部劣势。有时关键的外部机会是存在的，但是企业的内部劣势妨碍了它去利用这些机会。比如，当市场对于某项技术的需求大大提升时，某个酒店却缺乏这方面的技术，因此不能抓住这个外部机会。酒店可以通过 WO 战略来获得这项关键技术，比如购买这项技术的专利或者与有该技术的公司结为战略联盟。当然，该酒店也可以招聘会使用这项技术的工程师和技术工人，这同样也是 WO 战略的体现。

ST 战略是运用企业的优势来规避或者减少外部威胁的冲击。比如，芯片设计的盗版问题常常困扰着 IT 企业。在这样的行业环境威胁下，著名的英特尔公司就常常运用它优秀的法律部门和律师团队针对芯片设计上的专利盗版问题进行大量的诉讼，保护其在芯片设计上的领先地位。

WT 战略则是一种防御性战略，用来规避外部威胁和内部劣势带来的不利影响。如果一个企业面临着很多的外部威胁和内部劣势，它就的确处于一个极为不稳定的位置。实际上，很多这样的企业就要竭力求生、兼并、紧缩、破产或清算。

SWOT 矩阵分析是战略分析中非常重要的工具，也是一种战略性的思维方法。企业需要不断地练习和熟练的使用它。当然，SWOT 分析的正确使用来源于知识、经验、充分的信息、战略思维和商业直觉，可以说，它是一个非常综合性的思维过程。

第四章
旅游企业的内部环境分析

本章案例

年营收超50亿，这家日本温泉酒店是如何做到连续54年盈利的？[①]

12月1日，正和岛商学院20多位企业家开进富士山脚下的一家高端温泉酒店——钟山苑。路上就听说这家酒店的非凡之处。在以挑剔著称的日本市场各种温泉酒店评选中，钟山苑都能跻身Top10。听宫下节夫社长讲了才知道，在竞争白热化的温泉酒店行业，在多年日本经济低迷，尤其是近年来日本乡村酒店业受到很大冲击时，主打中高端客户群的钟山苑做到了创业以来连续54年盈利！和很多日本家族企业一样，钟山苑只有箱根地区一家店，拥有120间客房，可容纳500人入驻，不算另一块提供的婚宴服务，年营业收入就超过50亿日元。

1961年，宫下社长的父辈买下钟山苑这片地，本来是要建纺织厂的，嗅到纺织业不景气的信号，改弦更张建酒店，分五期工程有了今天的钟山苑。据社长讲，当年这片土地很荒凉，路都没有，唯一的好处是离富士山近，但富士山不是你一家独有的，要吸引顾客，非练几手真本事不可。"54年来，我们每天的工作都是为了让顾客在钟山苑有难忘的体验"，"别的酒店没有，只有在钟山苑才能体验到的东西到底是什么？"

宫下社长说，城市里的万豪、新大谷等酒店打的是欧美风，乡间的钟山苑必须差异化，加之其主要客户群主要是50岁以上的中老年人，那就走传统日式和风，撒手锏是什么？庭院。在日本评价一家酒店有没有地位的标准，就是是否拥有一处自己的日式庭院。果不其然，我们一下车就被带去看庭院，遗憾我们晚到了几天，两周前还有满山浓浓的红叶，可惜啊。即使这样，用我的话说，任意地点、任意角度拍照，都有发朋友圈的冲动。宫下社长说，钟山苑的庭院，一年四季有不同的主题，给顾客鲜明的季节体验。

春天，看樱花，还有灯光效果下的夜樱；

夏天，庭院里那条人工小渠上，草丛中，萤火虫闪烁其间；

秋天，赏月；

[①] 年营收超50亿，这家日本温泉酒店是如何做到连续54年盈利？[EB/OL]．（2015-12-15）．http://aiweibang.com/yuedu/73700276.html．

冬天，观雪。

"能不能分别描述下春、夏、秋、冬，您希望分别带给用户怎样的体验？"我追问。回答很精彩："我们并不想刻意带给消费者什么，而是想让他们感到四季的变化。"一家处处人工雕琢出来的"人造"庭院，却与自然融合得那么好，或许是我们想多了，人本身就是自然的一部分嘛。

看过庭院和酒店，钟山苑真正的拿手好戏是什么？细节，各种细节。

比如插花，宫下社长介绍，整个钟山苑放了400多只鲜花盆栽，专门维护这些鲜花盆栽的员工就有7个，我不懂花，但能感觉到每只花都是一个独特的生命体，在极简的日式设计风格中，这些鲜花在每个小空间内都占据中心的位置，花神，干脆这么形容吧。

还有每晚8点半，员工自制的演出《灵峰大鼓》。开场前10分钟，已经坐得满满当当，都是白发苍苍、七八十岁的老人在看戏。节目不复杂，分三幕，五个人在台上主要就一个动作，敲鼓，或许是鼓点的冲击力让老年人更振奋吧；第三幕，演员会端着大鼓到观众席，请观众一起敲。中国的银发经济、老年经济怎么搞？现场看了就有感觉。演出开始前，每个人都拿到一张bingo抽奖券，演出结束后抽奖，看着老人拿着奖券交头接耳的专注劲儿，不得不佩服商界对自己客群的洞察。一场大戏结束，老人们兵分两路，一路泡温泉，一路涌入酒店一端的当地特色商品店，200平方米的迷你百货中心里挤满了提篮者，那可真叫个购买力。

既然是每天都在关注消费者需求的变化，今天钟山苑对此有什么新发现？宫下社长说，当下吸引女性顾客是要务。道理很简单，在日本，女人才会带上家人一起度假，其次，女人只要觉得你的产品和服务好就会到处讲，一个女人来了如果觉得好，接着她的孩子、父母、兄弟姐妹就都可能接踵而至，"酒店业和服装业一样，都是靠女性支撑的行业。"当然，女人比男人挑剔，因为女人自己会在家里料理、收纳，所以"钟山苑如果能满足女人，就没有满足不了的客户"。

另一个摸索的需求是：人生节点。宫下社长说，人一生看上去八九十年，其实节点就那么几个，比如日本人法定60岁退休，对每个人都是一个重要的日子，"对这个细分客群，我们能提供什么样的服务？"他还开辟出一个细分客群：来日无多者（快走到生命终点的老人），"能不能在钟山苑为他们开始一段'人生回忆之旅'？回忆、分享，本来就是人性啊"。

当然，20岁成人礼、结婚、生日纪念日，都算。所以你看，钟山苑对客群的描述，不是针对某个人而言的，而是细到某个人在某个人生节点、某个特殊场景的需求。

宫下社长说，现在日本经济不景气，新顾客增长不乐观，重中之重，是如何让客人从新客变成回头客。他说今天钟山苑一半客户是回头客。秘诀依然是口碑，他说，自己做广告不如让客人做广告,钱花在广告费上不如花在客人体验上,今天钟山苑只在类似"日本的携程"的网络平台做少量推广,报纸、电视广告费,一分不花。

"保证高品质,挣合理利润是钟山苑的目标,"演讲结束时,宫下先生感悟,"经营就该这样,我们的坚持是有价值的!"

问答环节,上海钻石小鸟联合总裁徐潇问宫下社长,钟山苑打算如何吸引年轻一代?宫下说钟山苑客群主要是五十岁往上的中老年客群,对于年轻人,他自己也没有什么好办法,顿了一下,他亮出这个下午唯一一次幽默:"或许,当我想明白的时候年轻人也老了吧。"全场会心一笑。

还有老总问,钟山苑的产品创新,别人复制怎么办?

宫下回答:吸引客户的不是甜酒、插花这个东西,而是氛围,产品只是要素,服务才是其他酒店无法复制的。

宫下是一位典型的日本经营者。他的演讲中听不到什么惊人之语,但其朴素和真诚自有一种力量,因为人家几十年就是这么坚持的。

案例讨论题:
1. 你认为钟山苑成功的最根本的原因是什么?
2. 企业拥有的资源或能力中,什么样的资源或能力更应该培育成为核心能力?

思考与练习

1. 简述旅游资源的特征。
2. 如何分析旅游企业的资源?
3. 简述旅游企业核心能力的判断标准。
4. 如何理解价值链?如何进行价值链分析?
5. 简述旅游企业价值链的组成。
6. 简述服务利润链的内容。
7. 简述企业外包的原因及外包时应注意的问题。

第五章 旅游企业战略目标的制定

美国未来学家托夫勒说:"没有战略的企业,就像是在险恶的气候中飞行的飞机,始终在气流中颠簸,在暴雨中穿行,最后很可能迷失方向。即使飞机不坠毁,也不无耗尽燃料之虞。如果对于将来没有一个长期明确的方向,对本企业的未来形式没有一个实在的指导方针,不管企业的规模多大,地位多稳定,都将在新的革命性的技术和经济的大变革中失去其生存条件。"

通过本章的学习,读者们能够做到:
- ◇ 描述愿景、使命及战略目标的含义;
- ◇ 掌握企业使命定位的内容、使命定位应考虑的因素及使命的作用;
- ◇ 掌握旅游企业战略目标的特征与内容;
- ◇ 了解旅游企业制定战略目标时应遵循的原则。

第一节 旅游企业的使命

旅游企业在对其内外部环境进行分析,明确了企业面临的机会与威胁、优势与劣势之后,就应该制定其战略目标。而战略目标又是企业使命的具体化,所以,在介绍战略目标体系与制定方法之前,应首先来了解一下如何确定企业的使命。

一、旅游企业的愿景、使命与战略目标

为了准确理解企业使命的含义,我们从分辨企业愿景、使命和战略目标开始。企业的愿景、使命与战略目标是三个不同层次的概念,它们的关系如图5-1所示。

企业愿景(Vision)是企业战略家对企业的前景和发展方向的高度概括的陈述(Statement)。这种陈述是针对企业内部的,它能统一员工的认识,并在情感上激起员工的热情、团队精神和创造力。因此,愿景是一个企业用以统一组织成员的思想和行动的有力武器。

企业要制定愿景陈述,就是要解决这样一个基本问题——我们要成为什么?愿景陈述必须用简短、生动形象的语言加以描述。只有如此,才能激起员工的热情和激情,才

能得到员工的认同,才能使员工完全地投入。本田努力成为福特第二(本田认为福特是汽车行业的先锋);佳能则希望"打败施乐";英国航空公司则希望"成为航空业中最好、最成功的公司";而波音公司在 1950 年制定的愿景是成为"世界上最大的商用飞机制造商,并把世界带到喷气机时代"。

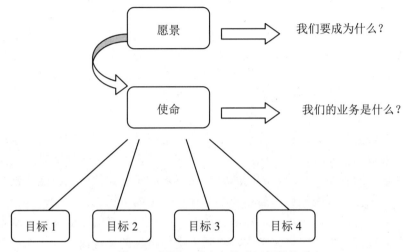

图 5-1　愿景、使命与战略目标的关系

一个明确的愿景为企业制定详细的使命陈述奠定了基础。很多企业都既有愿景陈述,又有使命陈述,但企业必须首先制定愿景陈述。

企业使命(Mission)来源于企业的愿景,是针对企业外部的。它描述了一个企业的目标及所从事的生产领域和市场范围。它是对企业"存在理由"的宣言,它回答了"我们的业务是什么?"这一关键问题。企业只有非常明白自己的经营领域和客户群才能把握住发展的大方向,才不至于误入自己不熟悉的领域,才能避免脱离自己的客户群。

战略目标(Goal)是企业使命的具体化、数字化和阶段化,是企业追求的较大的目标,如市场份额、利润率、客户服务、创新、生产率等。具体目标(Objectives)是战略目标的具体化,是对战略目标从数量上进行界定。例如,市场份额要达到 20%,资产收益率要达到 5%等。

二、旅游企业使命的定位

(一)使命的定义

一个企业的存在是为了在特定的宏观经济环境中实现某种既定的社会目的或满足某

种既定的社会需要。每个企业从其建立开始，就应该承担相应的社会责任并履行相应的义务。

旅游企业战略制定的第一步就是确定企业使命。一方面，企业使命的定位是在对企业内外环境分析的基础上完成的；另一方面，企业使命的定位也为企业内外部环境分析界定了范围。

企业使命，是指企业区别于其他类型组织而存在的原因或目的。绝大多数的企业使命是高度抽象的；企业使命不是企业经营活动具体结果的表述，而是为企业提供了一种原则、方向和哲学。过于明确的企业使命会限制在企业功能和战略目标制定过程中的创造性；适度宽泛的企业使命会给企业管理者留有细节填补及战略调整的余地，从而使企业在适应内外环境变化中有更大的弹性。

企业使命有狭义和广义之分。狭义的企业使命是产品导向的。例如，一家准备进入高新技术产业领域的企业可以将其使命定义为生产计算机。这一表述清楚地确定了企业的基本业务领域，即企业生存的目的；同时也显然限制了企业的活动范围，甚至可能剥夺了企业的发展机会。因为任何产品和技术都存在一定的市场生命周期，都会随着时间的推移而进入衰退阶段，而市场需求却是持久的。因此，广义的企业使命是从本企业的实际条件出发，以市场为导向来定义的，着眼于满足市场的某种需要。前面提到的这家企业，如果将其企业使命定义为"向顾客提供最先进的办公设备，满足顾客提高办公效率的需要"，这一表述相对比较模糊，但为企业经营活动指明了方向，就不会在未来计算机这一产品惨遭淘汰之时失去方向，失去经营领域的连续性。又如，美国电话电报公司（AT&T）将自己的使命定义在满足用户通信的需要上，而不是局限于电话电报上；这是因为通信是用户持久不变的需要，而电话电报却在不断地更新：从普通电话到半自动电话、自动电话、无线电话、程控电话、移动电话、可视电话等。

在《营销短视症》一文中，西奥多·莱维特（Theodore Levit）提出了下述观点：

"企业的市场定义比企业的产品定义更为重要。企业经营必须被看成是一个顾客的需求得到满足的过程，而不是一个产品生产过程。产品是短暂的，而基本需要和顾客群则是永恒的。马车企业在汽车问世后不久就会被淘汰，但是同样一个企业，如果它明确规定企业的使命是提供交通工具，它就会从"马车生产转入汽车生产"。

美国管理学家金尼斯（M. C. Ginnis）认为一个好的使命应该包括以下特征：（1）应该明确企业生存的目的；（2）应该既宽泛，以允许企业有创造性的发展，同时又对企业的一些冒险行动有所限制；（3）应该使本企业区别于其他同类企业；（4）应该作为评价企业现在和未来的活动的框架；（5）应该清楚明白，易于为整个企业所理解。

（二）旅游企业使命定位的内容

虽然并不是所有的企业都有文字的使命表述，而往往只为少数高层管理者所了解，但越来越多的企业将确定企业使命看成是企业战略的一个重要组成部分。一般来说，一个完整的企业使命应包括以下三个要素。

1．企业生存目的的定位

企业生存目的定位应该说明企业要满足顾客的某种需求，而不是说明企业要生产某种产品。美国著名管理学家彼得·德鲁克（Peter Drucker）认为企业存在的主要目的是创造顾客。只有顾客才能赋予企业存在的意义。他指出：决定企业经营什么的是顾客，是顾客愿意购买产品或服务才能将资源变为财富、将物品变成产品。只有顾客对产品及其价值的看法才决定企业经营什么、生产什么以及企业的前途。顾客是企业的基础和生存的理由。以满足顾客需要作为企业生存的基础，还会促使企业不断开发新技术和新产品，使企业在创新中不断得到发展。这就是为什么埃克森公司的企业使命强调提供能源而不是出售石油和天然气；哥伦比亚电影公司（Columbia Pictures）的使命则是旨在提供娱乐活动而不是经营电影业等的原因。

应该注意的是，顾客所购买的以及认为有价值的从来就不是产品，而是一种效用；也就是产品或服务带给他们的满足。因此，理想的使命陈述应该认定为本企业产品带给顾客的效用。下述有关商品效用需求的歌谣对于使命陈述很有参考价值。

不要给我东西。
不要给我衣服，我要的是迷人的外表。
不要给我鞋子，我要的是两脚舒服、走路轻松。
不要给我房子，我要的是安全、温暖、洁净和欢乐。
不要给我书籍，我要的是阅读的愉悦与知识的满足。
不要给我磁带，我要的是美妙动听的乐曲。
不要给我工具，我要的是创造美好物品的快乐。
不要给我家具，我要的是舒适、美观和方便。
不要给我东西，我要的是想法、情绪、气氛、感觉和收益。
请，不要给我东西。

2．企业经营哲学的定位

企业经营哲学是对企业经营活动本质性认识的高度概括，包括企业的基础价值观、企业内共同认可的行为准则以及企业共同的信仰等在内的管理哲学。

企业经营哲学的主要内容通过企业对外部环境和内部环境的态度来体现。对外可以包括企业在处理与顾客、社区、政府等关系的指导思想；对内包括企业对其投资者、员工及其他资源的基本观念。一般来说，企业经营哲学由于受文化的影响而具有较大的共性；同时，不同国家的企业在管理理念上又表现出明显的差别。例如，美国企业在经营哲学的描述上着重于企业在市场上获得成功的因素，如"公司发展事业的基础是技术革新、生产率和市场占有率"（得克萨斯仪器公司）；而日本企业的经营哲学旨在向员工表明企业的愿景，唤起员工承担责任的激情和创新精神，如"向自来水那样不断生产，创造无穷物质财富，建设人间天堂"（松下电器公司）。

3．企业的公众形象定位

企业使命定位的第三部分是企业公众形象的定位，特别是对于一个成长中的企业。对公众形象的重视反映了企业对环境影响及社会责任的认识。从公共关系理论的角度来看，一个企业组织的营运过程，一般有员工、股东、顾客、供应商、竞争者、社区、舆论界、政府等基本公众。每一企业在其特定的公众心目中，都有自己的形象。如顾客普遍认为IBM是电脑业的蓝色巨人，松下是生产廉价优质电子产品的企业，百事可乐则是年轻一代的选择。企业形象的定位可以通过企业形象识别系统（CIS）来体现。

研究表明，对于不同行业的企业，影响企业形象的主要因素各不相同。例如，在食品业，良好的企业形象在于表达安全、信任感、经营规模、技术等特征；而对生产精密仪器的企业，顾客可能会对可靠性、新产品开发、时代感、研发能力、发展前景等诸方面的形象比较关注；而对于旅游服务企业来说，向公众传递良好的服务质量、清洁程度、现代化等信息可能会有利于树立良好的企业形象等。通过公司理念、统一标志、专用字体、标准色以及企业主题歌等手段将企业的形象概念具体化，不仅传播了企业文化，使顾客认识、接受企业及其产品，而且有助于使企业的内部与外部达成共识，易于实施企业战略。

德鲁克曾提到："关于一个企业的宗旨和使命的定义，很少有维持到30年的，更不用说50年了，一般只能维持10年。"这是因为在企业成立之初，企业使命通常比较明确，但随着时间的流逝，当企业规模逐渐扩大，增加新产品，开拓新市场时，其使命可能不再适应新的环境条件。因此，企业使命不是一成不变的。在企业生存发展的关键阶段，必须通过制定企业战略，对企业使命进行研究并重新定位。但是，企业的发展无论处于哪一个阶段，对使命的定位或再定位都应该包括上述三个基本因素。

（三）企业使命定位应考虑的因素

旅游企业在进行使命定位时，应该考虑以下几个因素。

1．外部环境要素

外部环境是企业生存和发展的基本条件。外部环境发生某些变化，企业使命必须做相应改变。尤其是对这些变化可能带来的威胁和机遇，企业更要善于发现和及时做出反应。

2．企业领导者的偏好

企业主要的领导者都有着自己的人生观和价值观，对某些问题有着自己独特的理解，如追求产品的创新、注重产品的品质或顾客服务等，对企业使命的确定有很大影响。

3．企业的发展历史

每个企业都有自己的发展历史，既有企业的辉煌业绩，也有它的经验教训。现实和未来是相互连接的，不了解过去，就无法规划未来。

4．企业资源

这是企业实现其使命的物质基础，它主要包括人力资源、财务资源、物质资源、信息资源和关系资源等。

5．企业的核心能力

企业使命应尽可能反映它特有的能力，即其自身竞争优势，从而指导企业获取较高的市场地位。

6．其他与企业相关的利益主体的要求与期望

例如，股东、员工、债权人、顾客、竞争对手、政府、社区、公众对企业的要求与愿望。这些利益主体的要求与愿望既可能是企业生存和发展的支持力量，也可能是企业生存和发展的制约力量。

三、旅游企业使命的作用

旅游企业使命反映了企业最为基本的价值观，揭示了本企业与其他企业根本性的差异，界定了企业为社会服务的范围和所满足的社会基本需求。

企业使命不是企业经营活动具体结果的表述，而是为企业提供了一种原则、方向和哲学。具体说来，企业使命的作用体现在以下几个方面。

（1）设定企业前进方向。企业在市场中运营，好比在大海中航行，其使命决定着前进方向。企业建立之初确定企业使命，决定了这个企业的初始前进方向。开办一个新企业，取决于如下一系列信念，即企业以某种技术，在某些地区，以某种可获利价格，向某些用户提供某种产品或服务。这就是企业初建时对企业使命的最初说明。新企业的所有者或经营者都会相信，这样的企业使命传播出去，一定会被顾客接受，进而树立起良好的公众形象，因而就成了企业前进的方向。企业在发展过程中重新确定企业使命，常常又会导致企业的改变，进而引起企业方向、道路的改变，以及引起企业一系列战略性

的改变。

(2) 保持企业全体成员行动目标的一致性，增强企业的凝聚力。事实上，企业开始制定使命的时候，企业管理人员都存在许多的分歧，如果不加以妥善解决，必将给企业造成各种各样的后果。通过对企业使命的探讨并最终确定而达成谅解，形成共识，以保证企业成员在重大问题的决策方面能做到思想统一、行动一致，充分发挥各机构的协同作战的力量，增强企业的凝聚力，提高企业整体运行效率。

(3) 制定和选择战略方案的依据。企业在制定战略过程中，无论是制订备选方案，还是进行方案选择，都要把企业使命及其决定的战略目标作为依据，符合其方向和要求的战略方案才会被采纳。

(4) 分配资源的基础。企业的资源是有限的。只有有了明确的企业使命，企业才能正确合理地把企业有限的资源分配到真正能够保证企业使命实现，使企业兴旺发达的事业和活动上去。

(5) 设计企业组织和管理机构的前提条件。企业组织和管理机构的设置并不是管理人员随心所欲进行的，有效的组织结构源自其战略目标和使命并为实现企业使命和目标服务。

(6) 营造和谐的社会气氛，提升企业的社会形象。一个良好的、明确的企业使命，能够起到协调企业利益相关者利益关系的作用，使大多数利益相关者能够理解和支持企业的战略使命，使尽可能多的利益相关者关心和参与企业事业的发展。

金（King）和克莱兰（Cleland）认为，企业界精心定义书面企业使命的目的有：保证整个企业经营目的的一致性；为配置企业资源提供基础或标准；建立统一的企业风气或环境；通过集中的表述，使员工认识企业的目的和发展方向，防止他们在不明白企业目的和方向的情况下参与企业活动；有助于将目标转变为企业组织结构，包括向企业内各责任单位分配任务；使企业的经营目的具体化，并将这些目的转变为目标，以便使成本、时间和绩效参数得到评价和控制。

同时，战略使命是企业社会价值的宣言，是企业与社会沟通的重要手段，是企业自我展示的有力工具，是企业营造良好社会形象环境的大好机会，是企业提升自己社会形象的有利时机。所以，对于一个具有远见卓识的战略决策者来说，是绝不会放弃宣传企业战略使命的任何机会的。

总之，战略使命为管理者指明了超越个人、局部和短期需要的整体和持久的发展方向。它使不同地位、不同民族、不同文化、不同利益的人建立起对企业的共同期望，从而赢得社会的认同和响应。它使企业全体成员共同的愿景（Shared vision）得以反映，使员工们的精神境界得以升华。所以，精心地组织研究和清楚表述企业使命对企业发展和战略管理具有特别重要的意义。据《财富》对世界 500 家企业中绩优企业和绩劣企业的企业使命的比较研究表明，绩优企业比绩劣企业有更为全面和综合的企业使命。

第二节　战略目标体系

企业的愿景和使命从总体上描述了企业存在的理由与发展前景，但仅有明确的企业愿景和使命并不能保证企业经营的成功，还必须把这些共同的愿景和良好的构想转化成各种战略目标，以保证企业经营有序进行。企业使命比较抽象，而战略目标则比较具体，是企业使命的具体化。

一、战略目标的作用

战略目标是企业在一定时期内，为实现其使命所要达到的阶段性结果。战略目标分为长期战略目标与短期战术目标两大类。前者的实现期限通常超出一个现行的会计年度，通常为 5 年以上；后者是执行目标，是为实现长期战略目标而设计的，它的时限通常在一个会计年度内。

第一节所讨论的企业的使命是对企业总体任务的综合表述，一般没有具体的数量特征及时间限定；而战略目标则不同，是为企业在一段时间内所需实现的各项活动进行数量评价。目标可以是定性的，也可以是定量的，如企业获利能力目标、生产率目标或竞争地位目标等。正确的战略目标会发挥以下重要作用。

（1）战略目标能够实现企业外部环境、内部条件和企业目标三者之间的动态平衡，使企业获得长期、稳定和协调的发展。

（2）战略目标能够使企业使命具体化和数量化。企业使命是比较抽象的东西，如果不落实为具体的定量化的目标，就有可能落空。有了战略目标，可以把企业各个单位、部门、各项生产经营活动有机地联结成一个整体，发挥企业的整体功能，提高经营管理的效率。

（3）战略目标为战略方案的决策和实施提供了评价标准和考核依据。战略方案是实现战略目标的手段，有了战略目标，就为评价和优选战略方案提供了标准，同时，也为战略方案的实施结果提供了考核的依据，从而大大促进了企业战略的实施。

（4）战略目标描绘了企业发展的远景，对各级管理人员和广大职工具有很大的激励作用，有利于更好地发挥全体员工的积极性、主动性和创造性。

二、战略目标的特征

1. 可接受性

企业战略的实施和评价主要是通过企业内部人员和外部公众来完成的,因此,战略目标首先必须能被他们理解并符合其利益。但是,在显示中,不同利益集团往往有着互不相同,甚至经常是冲突的目标。例如,在企业中股东追求利润最大化,员工需要工资和有利的工作条件,管理人员希望拥有权力和威望,顾客渴望获得高质量的产品,政府则要求企业尽可能多地纳税。因此,企业的战略目标必须在这些利益集团之间求得平衡,并力图满足所有公众的要求,以使他们能继续与组织合作。一般情况下,能反映企业使命的战略目标易于为企业成员所接受。

2. 可检验性

为了对企业管理活动的结果给予准确衡量,战略目标应该是具体的,可以检验的。目标必须明确,具体地说明将在何时达到何种结果。目标的定量化是使目标具有可检验性的最有效方法。如"极大地提高企业销售利润率"的目标就不如"到2010年,产品销售额达到2亿元,毛利率为40%,税前净利为23%,税后盈利为1500万元,五年内使销售利润率每年提高1%"的目标操作性强。事实上,有许多目标是难以数量化的,时间跨度越长、战略层次越高的目标就越具有模糊性。此时,应当用定性化的术语来表述其达到的程度,要求一方面明确战略目标实现的时间;另一方面须详细说明工作的特点。对于完成战略目标的各阶段都有明确的时间要求和定性或定量的规定,战略目标才会变得具体而有实际意义。一般来说,企业战略目标一经制定,应保持相对稳定,同时要求战略目标保持一定的弹性以应对客观环境的变化。

3. 可实现性

在制定企业战略目标时,必须在全面分析企业内部环境的优劣和外部环境的利弊的基础上判断企业经过努力后所能达到的程度。既不能脱离实际将目标定得过高,也不能妄自菲薄把目标定得过低;过高的目标会挫伤员工的积极性,浪费企业资源,过低的目标容易被员工所忽视、错过市场机会。也就是说,战略目标必须适中、可行。此外,战略目标必须是可分解的,即必须能够转化为具体的小目标和具体的工作安排,从而帮助管理者有效地从事计划、组织、激励和控制工作。

4. 可分解性

企业战略目标是一个总体概念,它必须是可分解的,即能够按层次或时间阶段进行分解(使每一目标只包含单一明确的主题),把应该完成的任务、应拥有的权利和应承担的责任，具体分配给企业的各个部门、各个战略业务单元乃至个人，从而把总体目标转化为具体的小目标和具体的工作安排，以帮助管理者有效地从事计划、组织、激励和控制工作。

5. 可挑战性

目标本身就是一种激励力量，特别是当企业目标充分体现了企业成员的共同利益，使战略大目标和个人小目标很好地结合在一起时，就会极大地激发组织成员的工作热情和献身精神。所以，一方面，企业战略目标的表述必须具有激发全体职工积极性和发挥潜力的强大动力，即目标具有感召力和鼓舞作用；另一方面，战略目标必须具有挑战性，但又是经过努力可以达到的，因而员工对目标的实现充满信心和希望，愿意为之贡献自己的全部力量。

6. 相关性

目标与企业使命要相互关联，而子目标与总目标要相互关联。即目标应围绕企业使命展开，下层次的目标应围绕高层次的目标展开。战略目标是为了把使命表述更加具体化，反映了使命所要达到的最终目的。企业准备做什么所涉及的只是具体行动方案，而企业准备做成什么才是最终的目标。因此，在设计与分解过程中，战略目标必须体现多层次多部门目标之间的相互关联性，要使其形成一个"相互支撑的目标矩阵"。通过对企业战略目标按层次或时间进行分解，可构造成一个目标体系，使企业的各个业务单元甚至每个员工都能明白自身的任务与责任。这样，既能有效避免企业内不同利益团体之间的目标冲突，使战略目标之间相互联合、相互制约，又能使战略目标进一步细化为具体的工作安排，转化为实际行动。

7. 时间性（Time-bound）

企业目标必须有时间期限，表明起止时间。首先，目标是在一定时期内要达到的，若没有提出相应的时间要求，就难以区分各项目标的相对重要性与紧迫性。其次，目标的时间性也意味着企业可以对各项任务按照时间段进行考核，而且一旦出现与预期不相符合的情况，可以进行相应的追踪调查，追溯特定期间内相应的责任人。最后，目标是变化发展的，决策者应根据企业内外部环境的变革及时地修正目标。

三、战略目标的内容

如果说企业愿景（使命）是极具诱惑力的终点，那么战略目标就是一个个的里程碑，是连接理想目标与现实行动的桥梁。

战略目标是企业使命的具体化。一方面，不同的企业会根据各自的使命制定不同的战略目标；另一方面，企业内各个部门的子目标也从不同侧面反映了企业的自我定位和发展方向。因此，企业的战略目标是多元化的，既包括经济性目标，也包括非经济性目标；既包括定量目标，也包括定性目标。

彼得·德鲁克认为，各个企业需要制定目标的领域全都是一样的，所有企业的生存都取决于同样的一些因素。彼得·德鲁克在《管理实践》一书中提出了以下八个关键领域的目标。

（1）市场方面的目标：应表明本企业希望达到的市场占有率或竞争中占据的地位。

（2）技术改进和发展方面的目标：对改进和发展新产品，提供新型服务内容的认知及其措施。

（3）提高生产力方面的目标：有效地衡量原材料的利用，最大限度地提高产品的数量和质量。

（4）物质和财务资源方面的目标：获得物质和财务资源的渠道及其有效利用。

（5）利润方面的目标：用一个或几个经济指标表明希望达到的利润率。

（6）人力资源方面的目标：人力资源的获得、培训和发展，管理人员的培养及其个人才能的发挥。

（7）职工积极性发挥方面的目标：对职工激励、报酬等措施。

（8）社会责任方面的目标：注意企业对社会产生的影响。

旅游企业的战略决策者应该考虑从经济、社会、成长与竞争优势等方面制定企业的战略目标。

1．经济方面的目标

经济目标通常用财务指标来衡量。对于商业性的组织，目标通常包括利润额、资本利润率、销售利润率、投资收益率、每股平均收益率等。

非营利组织也有其经济目标，但它们是用不同于商业组织的方式来衡量的。像旅游目的地的市场开发部门、慈善机构或政府部门等，倾向于使用成本效益或物有所值等来衡量其经济业绩。这些组织的大部分收入是他们自己无法控制的收入，如中央和地方政府的拨款。因此，他们在制定经济目标时，主要考虑的是如何以预算收入获取最高的经济效益等问题。

例如，一个国家、城市或度假胜地的市场开发部门，在制定其经济目标时，考虑的主要是如何用预算资金给目的地带来更多的游客等问题。

2. 社会责任方面的目标

这一目标反映了企业对社会贡献的程度,如合理利用自然资源、降低能源消耗、保护生态环境、不造成环境污染、积极参与社会活动,支持社会和地区的文化、体育、教育、慈善事业的发展等。

3. 成长或市场份额的目标

在一个企业发展的某些阶段,企业的成长或扩张变成了其最主要的目标。企业的规模和竞争地位能为企业带来许多优势,这正是那些把发展作为关键目标的企业努力追求的。规模能给企业带来产品和资源市场上的规模经济优势。也就是说,与小企业相比,规模较大的企业可以以较低的成本获得其所需要的资源。并且,它在产品市场上占有的较大份额也使其具有较强的定价能力和竞争能力。

常用的指标有:市场占有率、市场覆盖率、销售额、销售量、新市场的开发和传统市场的渗透等。

4. 竞争优势目标

很多企业的战略目标还包括公司针对其竞争对手的定位问题。竞争优势目标关心的是企业与其他公司,尤其是与竞争对手相比的竞争地位问题。目标的确定对赶超并打败竞争对手起了一定的保证。相对优势是唯一目标,如果一家公司能够从与大量最相近的竞争对手处取得了优势,目标就算完成。

总之,企业战略目标是由多个目标项目组成的,在数量上和内容上没有固定的模式。企业应当根据自身的发展方向和经营重点,设计出符合实际情况的目标体系。

四、旅游企业的战略目标体系

企业所制定的各项战略行动及其结果,是通过战略目标表述的。由于企业内不同利益团体的存在,目标之间不可避免地会出现冲突和矛盾。例如,企业生产部门的产量目标和销售部门的销量目标之间可能存在冲突;企业降低成本、增加利润的经济目标和依法纳税、保护环境的社会责任目标之间可能存在冲突等。因此,制定战略目标的有效方法是构造战略目标体系,使战略目标之间相互联合、相互制约,从而使战略目标体系整体优化,反映企业战略的整体要求。

战略目标体系通常用树形图来表示,如图 5-2 所示。从中可以看出,企业战略目标体系一般是由企业总体战略目标和主要的职能目标所组成。在企业使命定位的基础上制定企业总体战略目标,为保证总目标的实现,必须将其层层分解,规定保证性职能战略目标;也就是说,总体战略目标是主目标,职能性战略目标是保证性的目标。

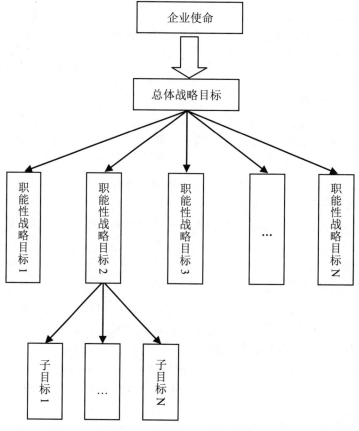

图 5-2 企业战略目标的树型图

第三节 旅游企业战略目标的制定

由于企业是在开放环境下运行的组织,战略目标的制定必须建立在实事求是地对内外环境进行系统分析、预测的基础上。首先,要明确企业的现状,充分估计企业发展的潜力,分析企业的优势与劣势等;同时,通过对外界环境的分析判断确认这些因素可能给企业带来的机会和威胁,在此基础上才能科学系统地制定出本企业的战略目标。

一、战略目标的制定原则

企业战略目标作为指导企业市场经营的准绳必须是恰当的。不恰当的战略目标,非但难以起到应有的指导作用，而且，还会对在各种内外条件制约下就已十分复杂的企业经营增加人为的矛盾和摩擦。因此，在制定企业的战略目标时，应当遵循以下原则。

1. 关键性原则

这一原则要求企业确定的战略目标必须突出有关企业经营成败的关键问题、有关企业的全局问题，切不可把次要的战略目标作为企业的战略目标，以免滥用企业资源而因小失大。

2. 平衡性原则

为了满足与企业关联的不同利益主体及未来发展等方面的要求。企业在制定战略目标时，需要达到以下三个方面的平衡。

（1）不同利益主体之间的平衡。扩大市场和销售额的目标与提高投资利润率的目标往往是有矛盾的，即因扩大销售而牺牲了利润，或因提高了利润而影响了销路，必须把两者摆在适当地位求得平衡。

（2）近期需要和远期需要之间的平衡。只顾近期需要，不顾长远需要，企业难以在未来继续生存；相反，只顾远期需要而不兼顾近期需要，企业也将难以为继。因此，战略目标的制定必须兼顾企业的长短期利益。

（3）总体战略目标与职能战略目标之间的平衡。企业总体战略目标是通过职能战略目标来体现和实现的，但由于有些职能目标对企业的未来成长影响大，而对总体战略目标的实现影响不大，这就要求企业在制定企业战略目标时需要在总体战略目标与各职能战略目标之间取得平衡，以便企业在实现其总体战略目标的同时，促进企业的全面发展。

3. 权变性原则

客观环境变化的不确定性常常影响到企业对未来发展预测的准确性，这就要求企业在制定战略目标时，应制订多种方案。一般情况下，企业在制定战略目标时，把企业所面临的宏观经济环境分为繁荣、稳定、萧条三种情况，并分析各自的可行性及利弊得失，从而选择一种而将另外两种作为备用。或者，制定一些特殊的应急措施，如原材料价格猛涨等情况下对战略目标进行适应性调整。例如，一个快速发展的食品公司的发展目标是在 4 年内扩建 6 个商店，相应的权变方案是：如果情况比预料的要好的话，新扩建的商店就可达到十个；如果经济萧条的话，公司不但无法扩展，而且有可能关闭掉 4 个到 10 个商店。

二、战略目标的制定过程

如果企业经营多种业务，那么在制定战略目标时，不仅要制定全企业的长期战略目标和短期战术目标，而且在此之后，各个战略业务单位（SBU）或职能部门也必须确立自己的目标。一般来说，企业的战略目标制定过程包括如下几个步骤。

（1）企业最高管理层宣布企业使命；

（2）企业最高管理层确定达到企业使命的长期战略目标；

（3）企业最高管理层分解长期战略目标，并建立整个企业的短期执行性战术目标；

（4）不同战略业务单位、事业部或经营单位建立自己的长期或短期目标；

（5）每个战略业务单位或主要事业部内的职能部门（如市场营销、财务、生产、研究开发等）制定自己的长期和短期目标。

这一战略目标的制定过程是通过组织结构层次由上层至下层进行的，由企业整体直至个人。

三、战略目标的制定方法

著名管理大师彼得·德鲁克在谈到战略目标设定时说过"战略管理不是一个魔术盒，也不是一堆技术。战略管理是分析是思维，是对资源的有效配置。计划不只是一组数字"。

事实上，战略目标的制定和以后的实施，其最先的基础都是内部、外部环境分析所得来的一系列数据。但是，战略制定中最重要的问题有时是不能数据化的，还需要根据自己的特点来选择适宜的方法，下面就是在实践中发现和证明的切实可行的分析方法。

1. 时间序列分析法

时间序列分析法把过去和未来的某一目标值都看成是一个时间函数，这一序列是由互相配对的两个数列构成的，一个是反映时间顺序变化的数列，另一个是反映各个时间目标值变化的数列。编制时间序列是动态分析的基础，主要目的在于了解过去的活动过程，评价当前的经营状况，从而制定战略目标。这一方法一般适用于环境较为稳定情况下对未来的预测。

2. 相关分析法

相关分析法是研究变量之间存在的非确定性的数量依存关系。这一方法广泛应用于经济分析。社会经济与市场诸因素之间常有一种内在的相关性或因果关系，如研究消费者收入、年龄、性别、职业等对产品消费量的影响程度，寻求产品的"目标市场"。因果分析则是相关分析的一种，主要研究变量之间存在的主从关系或因果关系，从而判断变量的发展趋势，在此基础上制定战略目标。

3. 盈亏平衡分析法

这一方法是企业制定战略目标常用的一种有效方法，是根据产品的销售量、成本和利润三者之间的关系，从而分析各种方案对企业盈亏的影响，并从中选择出最佳的战略目标。

4．决策矩阵法

以矩阵为基础，分别先计算出各备选方案在不同条件下的可能的结果，然后按客观概率的大小，计算出各备选方案的期望值，进行比较，从中选择优化的战略目标。采用这一方法一般必须具备以下几个条件。

（1）要具有明确的目标（如获取最大的利润）；

（2）要有两个以上的备选方案；

（3）存在各种可能状态，并能估计其发生的客观概率以及可能的结果。

5．决策树法

风险决策一般常采用决策树法。决策树的基本原理是以收益矩阵决策为基础，进行最佳选择决策。所不同的是，决策树是一种图解方式，对分析复杂的问题更为适用。决策树能清楚、形象地表明各备选方案可能发生的事件和带来的结果，使人们易于领会做出决策的推理过程。如果问题极为复杂，还可借助于计算机进行运算。决策树分析不仅能帮助人们进行有条理的思考，而且有助于开展集体讨论，统一认识。从20世纪50年代以来，许多企业都利用决策树制定企业目标，取得了明显的成效。

6．博弈论法

博弈论又叫对策论，是运筹学的一个分支，最初用在军事上，用来研究如何战胜对方的最佳策略。后来被企业单位广泛采用，通过用数学方法来研究有利害冲突的双方，在竞争性的环境中如何找出并制定战胜自己对手的最优策略等问题。

7．模拟模型法

所谓模拟，就是模仿某一客观现象建立一个抽象的模型，并对模型进行分析试验，以观察并掌握客观现象运动、变化的规律，从而找出错综复杂问题的解决方案。通过给各种模型输入不同的数据，再观察这些模拟的运转和可能产生的结果，从而制定合适的战略目标。模拟模型试验，特别是复杂的建模，往往需要专家顾问和计算机的帮助。

本章案例

马尔代夫旅游促销委员会[①]

愿景：

✧ 成为南亚最负盛名的旅游目的地

[①] [英]奈杰尔·埃文斯，等. Strategic Management for Travel and Tourism[M]. 马桂顺，译. New York：Routledge，2003.

- ✧ 成为南亚旅游业中最高盈利者
- ✧ 成为小岛国家旅游业可持续发展的典范

使命：

马尔代夫旅游促销委员会注重提高服务质量，提高马尔代夫旅游业的可持续发展，以便使旅游资源得以良好的利用。通过这种方式，旅游业给马尔代夫人民带来长期的经济、社会和文化的效应。与此同时，重视海洋环境的保护、使本国人和游客受益。

目标：

- ✧ 提高旅游目的地在客源市场中的形象
- ✧ 将马尔代夫定位为全球超值旅游目的地
- ✧ 争取实现每年的营销计划目标
- ✧ 对客源市场进行细分
- ✧ 通过市场调研掌握全球经济发展状况和旅游趋势，进一步挖掘市场潜力
- ✧ 支持和控制私有企业的运营，维持其稳定的床位出租率，减少淡旺季波动所带来的影响

案例讨论题

结合案例谈谈一个旅游组织的愿景、使命及战略目标之间的关系。

本章思考题

1. 阐述企业使命定位应该包括的内容及进行使命定位时应该考虑的因素。
2. 简述企业战略目标的重要性。
3. 一个好的企业战略目标应包括的内容与应具备的特征。
4. 制定战略目标的原则有哪些？假如你是企业的总经理，你将如何平衡各利益集团的目标？
5. 制定战略目标有哪些方法？

第六章　旅游企业的竞争战略

为了在竞争中获得相对于竞争对手较高的竞争地位，旅游企业必须制定经营层战略——竞争战略。经营层战略的关注点不是整个组织，而是将整个组织分成一个个组成部分的战略业务单元（SBUs）。

战略业务单元，是指公司中的一个单位，或者职能单元。它是以企业所服务的独立的产品、行业或市场为基础，由企业若干事业部或事业部的某些部分组成的战略组织。

通过本章的学习，读者们能够做到：
- 了解旅游企业可采用的基本竞争战略；
- 掌握成本领先战略的概念及类型；
- 了解实施成本领先战略的基本条件、收益及风险；
- 定义差异化战略；
- 了解企业实施差异化战略的途径、实施条件、收益及风险；
- 了解集中化战略类型及实施步骤；
- 掌握集中化战略的实施条件、收益与风险；
- 了解整合战略的意义及风险。

第一节　成本领先战略

根据波特（1985）的理论，能使企业获得竞争优势的三种基本竞争战略（见图6-1）有：
- 成本领先——成为最低成本的产品生产商，即使在平均价格以下，仍能获得超额利润；
- 差异化——使顾客感觉企业的产品优于竞争者的产品，以便制定高价；
- 集中化——在很窄的细分市场（可能就在一个细分市场）上，采用差异化或成本领先战略。

波特还指出企业在制定经营层战略时必须要做出两个重要的决策：
- 应该选择成本领先战略还是差异化战略？
- 应该选择相对宽泛的战略还是狭窄的战略？

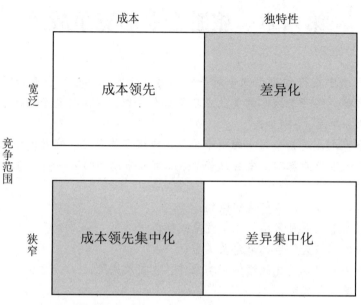

图 6-1 一般战略框架（波特，1985）

换言之，一个企业首先必须决定是否要通过产品差异化来获得竞争优势，还是通过以低于竞争对手的成本进行生产来获取竞争优势；采取任何一个战略都可以获取较高的利润。其次，要决定是否把战略运用到整个市场中，还是特定的细分市场或小细分（Niche）市场上。

一、成本领先战略的类型

成本领先战略又称低成本战略，是指一个企业通过有效组织和管理其创造价值的活动来降低成本，以便使其成为本行业产品或服务的低成本生产者，从而获得竞争优势的战略。

企业能否获得成本领先地位取决于其价值链活动的布局。因此，旅游企业首先要确定企业自身的价值链构成，然后通过与外部独立活动对比的方法，确定每一项活动对企业整体价值的贡献。在此基础上重新构筑企业的价值链，省略或跨越一些高成本的价值链活动，从而降低成本。具体来说，有简化产品、改进设计、节约原材料、降低人工费用、实行生产革新和自动化、降低管理费用等具体方法。

根据企业获取成本优势的方法不同，一般把成本领先战略概括为如下几种主要类型。

1. 简化产品型成本领先战略

取得低成本最直接的方式，就是使产品简单化，即将产品或服务中添加的花样全部取消。因此，经济型酒店、经济型航空公司、仓库型的家具商场、毫无装饰的百货店，均能通过省去那些非顾客必需的额外特征，以远远低于同类企业的成本从事经营活动。而企业的竞争对手，则由于原来已经附加的种种为顾客所熟知而又无法取消的服务，不得不负担高额费用支出。因此，简化产品而取得的低成本可以为企业建立起一种竞争优势。

2. 改进设计型成本领先战略

改进产品或服务的设计或构成，也能获得低成本优势。例如，某企业开发一种可以替代木材的"压缩木料"，这种木料用一般的锯屑、木片等压制而成，其成本只是竞争对手的一半。再如，很多航空公司运用网络作为预定的主要来源，即通过改进提供服务的方式来降低成本。

3. 节约资源型成本领先战略

通过获得相对于竞争对手而言价格较低的资源，或者通过投入标准化的资源来建立成本优势。例如，对于像住宿、交通等需要大量投入的资源，旅行社可以采用批量采购的方法取得大量折扣来获得价格较低的资源。再如，假日酒店能够在全球范围开展特许经营并获得成本优势，是因为它能提供全球标准化的产品或服务；美国西南航空公司、我国深圳航空公司能够在维护、采购和员工培训方面取得成本优势，在于它们只运营单一型号的飞机。

采用成本领先战略的美国西南航空公司的服务模型见表6-1所示。

表6-1 美国西南航空公司的服务模型

产品特征	
费用	低
分销	直销和旅行代理商
无票	
机内	单一仓型，高密度
无固定座位号	
无正餐	
只提供小吃和软饮料	
频率	高
准时性	好
运营特征	

飞机	单一型号（波音 737），四个变体
高利用率（每天超过 11 小时）	
区域	飞行区间短于 800 千米（500 英里）
机场	第二机场①
15～20 分钟转机时间	
点对点服务	
无中途转机	
增长	目标每年 10%，最大达到每年 15%
员工	具有竞争力的工资
利润分享制（自 1973 年）	
高生产率	

资料来源：Doganis（2001）

  4．降低费用型成本领先战略

  旅游业属于劳动密集型行业，在劳动密集型行业，人工成本占的比重很大。旅游企业如能获得廉价的劳动力，或者通过采取一定的措施控制人工费用也能建立成本优势。此外，通过兼并、加强控制等途径，也可以降低各项间接费用，同样能取得成本优势。

  5．创新及自动化型成本领先战略

  产品的生产或服务的提供过程的创新和自动化，可以作为降低成本的重要基础。

二、实施成本领先战略的条件

  一般来说，在需求价格富有弹性的市场上，消费者对价格比较敏感，企业可以采用成本领先战略。具体来说，企业实施成本领先战略应具备以下条件。

  1．成本领先战略对企业外部环境的要求

  （1）行业内现有竞争企业之间的价格竞争非常激烈。

  （2）企业所处行业的产品基本上是标准化或者同质化的。在这种条件下，由于产品在质量、功能等方面几乎没有差异，影响消费者购买决策的主要因素就是价格的高低。

  （3）企业实现差异化的途径很少。也就是说，不同品牌之间的差异化对消费者来说并不重要，从而使得消费者对价格的差异非常敏感。

  （4）绝大多数消费者的要求相同，标准化的产品能够满足消费者的需求。在这种情

---

① 西方国家的很多大城市都不只有一个机场，如伦敦除了有 Heathrow 之外，在附近小城还有 Gatwick 等规模较小的机场。这里的第二机场指的是后者。

况下，低销售价格取代了特色或质量，成为消费者选择品牌的主要决定因素。

（5）消费者的转换成本很低。当消费者从一个企业转向另一个企业所承担的成本较低时，他就具有较大的灵活性，从而容易转向低价格、同质量的企业。

（6）消费者具有较大的讨价还价能力。

2. 成本领先战略对企业内部环境的要求

企业赢得成本领先地位通常要求具备较高的相对市场份额，因此，实施成本领先战略就需要进行持续的资本投资来购买先进的设备，以攫取市场份额。高市场份额又可进而引起采购经济性，从而使成本进一步降低。一旦赢得了成本领先地位，所获得的较高的利润又可对新设备、现代化设施进行再投资，以维护成本上的领先地位。这种再投资往往是保持低成本地位的先决条件。

三、实施成本领先战略的收益及风险

从国际范围角度来看，随着人们对规模经济与学习效应认识的不断深入，20世纪70年代，成本领先战略逐渐为多数企业所采用。采用成本领先战略的收益在于以下几方面。

（1）抵挡住现有竞争对手的对抗。在以价格为基础的竞争中，成本领先企业可以利用低价格的优势从竞争对手那里挖掘销售额和市场占有率，在价格战中存活下来并获得高于行业的平均利润。

（2）抵御购买商讨价还价的能力。在防御购买商讨价还价能力方面，低成本能够为企业提供部分的利润率保护，因为再强大的客户也很难通过谈判使价格低于行业最低成本水平。否则，此时其他企业将被迫退出市场，从而提高现有企业的垄断水平，反而降低购买商的谈判能力。

（3）更灵活地处理供应商的提价行为。当强有力的供应商抬高企业所需资源的价格时，处于低成本地位的企业有更多的灵活性来解决困境。

（4）形成进入障碍。低成本企业可以利用建立起来的巨大生产规模和成本优势，使欲加入该行业的新进入者望而却步，形成进入障碍。

（5）树立与替代品的竞争优势。低成本企业可以利用其低价格来抵御那些试图用替代品或者服务来侵占市场的企业，从而树立竞争优势。

成本领先战略给企业许多好处的同时，也带来了要保持这一地位的沉重负担。保持成本领先地位意味着要为设备现代化不断地追加投资，避免产品链扩展以及对技术上的进步保持敏感。主要包括：

（1）降价过度引起利润率降低。只有在以下情况下，企业才可能获得低成本优势：

① 降价幅度低于成本优势的规模。② 单位销量的增加足以在降低单位销售产品利润率的情况下增加利润。③ 产品包含有吸引消费者购买的其他属性。除非出于抢占市场等其他战略目标实现的需要，企业至少应该将降价幅度控制在使企业总体利润不减少的范围之内。

（2）新进入者可能后来居上。行业中新进入者通过模仿、总结前人经验或购买更先进的生产设备，使得他们的成本更低，以更低的成本起点参与竞争，后来居上。这时，企业就会丧失成本领先地位。

（3）丧失对市场变化的预见能力。由于实施成本领先战略的企业，把主要精力都放在降低产品成本上，因而导致了对市场变化的预见能力的降低，结果是虽然企业的产品价格很低，但也不为顾客所欣赏和接受。

（4）技术变化降低企业资源的效用。生产技术的变化或新技术的出现可能使得过去的设备投资或产品学习经验变得无效，变成无效用的资源。

（5）容易受外部环境的影响。比如，通货膨胀率的提高，势必会提高企业的生产成本，成本领先战略将会受到严重影响。

因此，企业不能太集中于降低成本而削弱企业的可持续发展能力，企业必须重视采取措施确保成本优势的持久性。同时，企业不能"一叶障目"，导致产品其他方面（如产品性能、质量、差异化等）的恶化。

第二节 差异化战略

差异化战略，是指为使企业的产品或服务与竞争对手的产品或服务有明显的区别，形成与众不同的特点而采取的一种战略。这种战略的核心是，顾客能感受并接受这种差异。差异化战略的目的是为了降低产品的需求价格弹性，进而在不减少销售量的前提下制定高于竞争者的价格来获得竞争优势。差异化是针对顾客而言的，因此，旅游企业如果想成功实施差异化战略就必须认真地研究顾客的需求和消费行为，了解他们认为重要的是什么，他们认为有价值的是什么；并细分目标市场，尽量满足相应细分市场的个性化要求及购买习惯。顾客对差异化的喜好程度越高，那么顾客同企业的联系就越紧密，企业所获得的竞争优势也就越强。

成功的差异化可以使企业对其提供的产品或服务收取较高的价格、提高销售量和获得顾客对其品牌的忠诚。无论何时，如果企业销售产品或服务所获得的额外价格超过了为获得差异化而花费的成本，那么差异化就可以提高企业的盈利能力。顾客对企业产品或服务的独特性赋予了价值期望，但还去购买竞争对手的产品或服务，或者如果一家企业的差异化方式易于被竞争对手所模仿或复制，那么企业的差异化战略就不会成功。

一、差异化战略的实施途径

旅游企业可以通过产品、服务、人事与形象等途径来使自己的产品区别于竞争对手的产品，如表 6-2 所示。

表 6-2 差异化的变量

产　品	服　务	人　事	形　象
特征	送货	能力	标志
性能	安装	言行、举止	传播媒体
一致性	顾客培训	可信度	环境
耐用性	咨询服务	可靠性	项目、事件
可靠性	修理	敏感度	
易修理性	其他	可交流性	
式样			
设计			

1. 产品差异化的实施途径

这里的产品主要是指有形产品。有些产品高度标准化，相互之间差别很小，如鸡蛋和洗衣粉，但仍可以发现一些差别；而有些产品的差异化程度很高，如酒店建筑物等。产品差异化的主要因素包括：产品特征、工作性能、一致性、耐用性、可靠性、易修理性、式样和设计等。

（1）产品特征。产品特征是指对产品基本功能给予补充的特点，产品特征是企业实现产品差异化的极具竞争力的工具，企业可以通过增加新的特征来推出新的产品。

（2）工作性能。工作性能是指产品首要特征的运行水平。如果东芝笔记本电脑具有更快的处理速度和更大的内容，那么就要比宏碁的工作效率高，就更容易受到消费者的青睐。但是，这并不意味着产品的质量越高越好，因为有时候过高的质量不一定给企业带来很高的利润，反而可能因成本过高而降低企业的收益水平。所以，企业的质量水平只要符合目标市场的特征和竞争对手的质量水平即可。例如，为普通家庭设计的计算机系统并不需要像为航空工程师设计的那样灵敏。

（3）一致性。一致性是指产品的设计特征和工作性能与预期标准的符合程度。一致性越高，产品许诺的功能越容易实现，消费者就会越感到满意；反之亦然。比如，人们之所以盛赞日本企业的产品，原因之一就是产品具有很高的一致性。

（4）耐用性。耐用性是指产品的预期使用寿命。一般而言，产品的耐用性越长，消费者愿意为之支付的价格越高，但也并非全部如此。比如，宣传个人电脑具有很高的耐用性就并不一定很有吸引力，因为这种产品的特征和工作性能变化很快。

（5）可靠性。可靠性是衡量产品在一定时期内不会发生故障或无法工作的指标。因为消费者希望避免发生故障而修理所形成的高成本，所以愿意为质量可靠的产品支付高价格。

（6）易修理性。易修理性是指当产品失灵或无法工作时，易于修理。当产品出现问题时，消费者自己处理问题的可能性就越大，就会感到产品的使用越方便，从而比较满意；反之亦然。

（7）式样。式样是指产品给予消费者的视觉效果和感觉。例如，尽管美洲豹汽车可靠性不佳，但仍有不少消费者愿意为之支付高价格，这是因为它的外形独特。

（8）设计。一种整合的力量。前面所有的品质都是产品设计的参数。设计包括产品设计、工序设计、图案设计、建筑物设计以及内部设计、企业标志设计等。卓越的产品设计能吸引顾客的注意力，提高产品的质量和工作性能，降低生产成本，并能更好地将产品的价值信息传递给消费者。可以预见，随着竞争的加剧，设计将成为企业对产品和服务实现差异化的强有力途径。

2．服务差异化的实施途径

除了对有形产品实施差异化之外，企业还可对服务进行差异化。尤其是在难以突出有形产品的差异化时，服务往往成为竞争取胜的关键。服务的差异化主要包括送货、安装、顾客培训、咨询服务、修理服务和服务质量等方面。

（1）送货服务。送货服务是指企业如何将产品或服务送到顾客手中。它包括送货的速度、准确性和对产品的保护程度。消费者常常选择能按时送货的供应商。

（2）安装服务。安装是指将产品安放在计划位置上，使之开始运转。例如，IBM企业会将顾客所购买的设备一起送到指定地点，而不是在不同时间运送不同的零部件。

（3）顾客培训服务。顾客培训是指对购买者的职员进行培训，让他们能正确、有效地使用供应商的设备。比如，麦当劳要求特许店店主到汉堡大学进修两星期，学习合理经营特许店的方法。

（4）咨询服务。咨询服务是指销售商向购买者免费（或收取一定费用）提供资料，建立信息系统，给予指导等。这些服务能帮助顾客更忠实于供应商。

（5）修理服务。修理服务是指企业向产品购买者提供的修理项目。例如，日产企业向顾客保证承担因修理不当而造成的一切费用。

（6）服务质量。企业还可发现许多其他途径来区分服务和服务质量。例如，美国航空公司在世界范围内的里程优惠项目,在顾客中树立了品牌忠诚度。

3．人事差异化的实施途径

企业可以通过雇佣、培训比竞争对手更优秀的员工,来赢得强大的竞争优势。例如,新加坡航空企业的声誉在大部分市场上都很高,因为它们的航空小姐美丽优雅。再如麦当劳的员工十分有礼貌;迪士尼企业的员工态度非常乐观;大多数日本百货商店都在电梯旁设有一位女士,告知顾客各层销售的商品种类。训练有素的员工应能体现出以下六个特征。

(1) 胜任。员工具备必需的技能和知识。

(2) 礼貌。员工对顾客的态度友好,充满敬意,能为顾客着想。

(3) 可信。员工得到企业的信任。

(4) 可靠。员工能自始至终、准确地提供服务。

(5) 反应敏捷。员工能对顾客的需要和有关问题迅速地做出反应。

(6) 善于交流。员工能尽力去理解顾客,并能准确地与顾客沟通。

4．形象差异化的实施途径

即使其他竞争因素都相同,但由于企业或品牌的形象不同,消费者也会做出不同的反应。品牌可以形成不同的个性,供消费者识别。

(1) 个性与形象。个性是指企业期望向公众展示的特征;而形象则是公众对企业的看法。企业个性设计是为了在公众心目中塑造形象,但其他因素也会影响企业的形象。企业形象不可能一夜之间在公众心目中形成,也不可能凭借一种媒体就可塑造。形象需要各种可能的沟通给予传播,并要不断地扩散。像"Marriott 意味着优质服务"这一条信息要通过酒店标志、书面与听觉——视觉媒体、环境等各种活动项目等途径来表达。

(2) 标志。鲜明的形象应包括易于识别企业或品牌的一个或多个标志。旅游企业可以选择自然物或者人名来突出自己的品质,如米老鼠、苹果、麦当劳等。口号有时也可表现相应的形象。进一步的标志还有颜色和特定的声响或音乐。比如蓝色在美国是最受欢迎的企业色彩(最突出的是 IBM 企业),而红色则是亚洲使用最多的企业色彩等。

(3) 书面与听觉——视觉媒体。在企业或品牌个性的广告宣传中,必须融入已选定的标志。广告要能传播与众不同的信息——一条信息、一种情感、一定质量水平。消息还应在其他的出版物上反复出现,如年度报告、宣传手册和目录等。企业的信笺和商业卡上也可设计企业所宣传的形象。

(4) 环境。生产或运送产品或服务的有形空间正成为另一种有力的形象宣传工具。比如,酒店要显得态度友好,就应选择合适的建筑设计、内部设计、布局、色彩、原材料和装饰等。

(5) 活动项目。企业可以通过它所赞助的活动项目的类型来塑造个性。例如，酒店可以举办音乐会、时装展示会等。

二、实施差异化战略的条件

一般来说，差异化战略在下列环境中较为有效。

(1) 企业有很多途径可以创造与竞争对手产品之间的差异，并且这种差异被顾客认为是有价值的。

(2) 行业内消费者的需求是有差异的，即顾客对产品的需求和使用要求是多种多样的。

(3) 行业内采用类似差异化途径的竞争对手很少，即能够保证企业的"差异化"。

(4) 技术变革很快，市场上的竞争主要集中在不断地推出新的产品特色。

除了上述外部条件之外，旅游企业实施差异化战略还必须具备如下内部条件。

(1) 企业具有很强的研究开发能力，研究人员要有创造性的眼光。

(2) 企业具有以其产品质量或技术领先的声望，即具有很高的知名度与美誉度。

(3) 企业具有很强的市场营销能力。

三、实施差异化战略的收益及风险

实施差异化战略，可以培养顾客对品牌的忠诚，降低其对产品或服务价格的敏感性，即使产品的价格高于同类产品的价格，顾客也会产生偏爱。因此，差异化战略是使企业获得竞争优势的一种有效战略。具体来说，实施差异化战略的收益主要体现在以下几方面。

(1) 建立起顾客对企业的忠诚。随着顾客对企业产品或服务的认识和依赖，顾客对产品或服务的价格变化敏感程度大大降低。这样，差异化战略就可以为企业在同行业竞争中形成一个隔离带，避免竞争对手的侵害。

(2) 形成强有力的行业进入壁垒。由于差异化提高了顾客对企业的忠诚度，如果新进入者要参与竞争，就必须扭转顾客对原有产品或服务的信赖和克服原有产品的独特性的影响，这就增加了新进入者进入该行业的难度。

(3) 增强了企业对供应商讨价还价的能力。这主要是由于差异化战略提高了企业的边际收益。

(4) 削弱了买方讨价还价的能力。一方面，企业通过差异化战略，使得买方缺乏与之可比较的产品选择，降低了买方对价格的敏感度；另一方面，通过产品差异化使买方具有较高的转换成本，使其依赖于企业。

(5) 由于差异化战略使企业建立起顾客的忠诚,随着顾客对企业产品或服务的认识和依赖,使得替代品无法在性能上与之竞争。

与差异化的收益相对应,存在以下差异化战略的风险。

(1) 实行成本领先战略的竞争对手与实行差异化战略的企业之间的成本差距过大,可能会丧失部分客户。顾客确实需要差异化的产品,但与竞争对手相比过高的价格会使他们望而却步。在这种情况下,顾客为了节省大量费用,放弃取得差异化企业所拥有的产品特征、服务或形象,转而选择物美价廉的产品。

(2) 差异化的方式已不能为顾客创造价值,或者说顾客所需的产品差异的因素下降。不断的学习会使顾客变得越来越老练,也会降低顾客对差异化特征的评价。当顾客对产品的特征和差别体会不明显时,就可能会发生忽略差异的情况,此时,顾客一般不愿为差异化多付钱。

(3) 大量的模仿缩小了感觉到的差异。特别是当产品发展到成熟期时,拥有技术实力的厂家很容易通过逼真的模仿,减少产品之间的差异。

(4) 过度差异化。差异化虽然可以给企业带来一定的竞争优势,但这并不意味着差异化程度越高越好,因为过度的差异化容易使得企业产品的价格相对竞争对手的产品来说太高,或者差别化属性超出了消费者的需求。

(5) 赝品。赝品就是指那些以极低的价格向顾客传递差异化特征的产品,它已经成为实施差异化战略的企业越来越关注的问题。关于差异化战略的这一风险,企业往往求助于政府部门,希望政府部门制定相关的政策来遏止类似问题的出现。

企业的差异化优势通常只能在某一价差范围内才能保持,因而,如果某个实行产品差异化的企业由于技术变化的原因或仅仅因为不在意而使成本升得太高,则实行成本领先战略的企业就处于可以大规模侵占的优势地位。

第三节 集中化战略

市场全球化和区域化、竞争的加剧、顾客消费心理的成熟等因素,已经使得企业越来越无力赢得所有消费者的青睐。既然这样,最明智的做法就是选择最适合的一块"蛋糕",来实现利润的增长。

一、集中化战略的类型及实施步骤

集中化战略,又称为聚焦战略,它是指企业的经营活动集中于某个产品特定的细分市场，而不是针对整个市场上的一种战略。这一战略的前提是：企业能够以更高的效率、更好的效果为某一狭窄的战略对象服务，从而超过在更广阔范围内竞争的对手，并获得竞争优势。

集中化战略一般有两种变化形式：成本领先集中化战略和差异集中化战略。实施成本领先集中化战略，企业寻求的是其目标市场上的低成本优势；而在差异集中化战略中，企业则追求在目标市场上形成产品或服务的差异。

（一）集中化战略的类型

具体来说，集中化战略可以分为以下几种类型。

1. 产品线集中化战略

对于产品开发和工艺装备成本偏高的行业，例如汽车工业和飞机制造业，通常以产品线的某一部分作为经营重点。例如，日本汽车厂家一直将经营重点放在小型轿车生产和销售方面，并以小型汽车性能好、节省油、外观美、价格低的特点，打入美国和西欧市场，获得巨大的成功。再如，天津微型汽车制造厂面对进口轿车与合资企业生产轿车的竞争，将经营重心放在微型汽车上，凝聚成强大的战斗力。该厂生产"大发"微型客车和"夏利"微型轿车，专门适用于城市狭小街道行驶，颇受出租汽车司机青睐。近年来，其销售额和利润大幅度增长。

2. 顾客集中化战略

将经营重心放在不同需求的顾客群上，是顾客集中化战略的主要特点。顾客群体通常从以下方面加以区别：年龄、收入、生活方式、性别、地理位置、人口统计特征以及从旅游产品中获得的收益等。实施顾客集中化战略的企业中，有的企业以市场中高收入顾客为重点，产品集中供给那些注重质量，而不计较价格高低的顾客。如手表业中的劳力士、时装业中的皮尔卡丹，体育用品业中的阿迪达斯、耐克等产品，都是以高质高价为基础，对准高收入、高消费的顾客群。还有的企业将产品集中在特定顾客群，如"金利来"领带和衬衣将重点消费对象对准有地位的男士，强调该产品是"男人的世界"。再如，美国一家公司针对大型化妆品公司忽略黑人公众产品偏好的特点，通过生产、销售适用于黑人消费者的护发及化妆用品，成功地运用了顾客集中化战略。此外，有的经销商专以用量庞大的顾客为重点，通过这种集中，求得规模经济；有的服装零售店，只为满足特殊体型销售特大号服装。这些都是顾客集中化的范例。

3. 地区集中化战略

划分细分市场，可以按地区为标准。如果一种产品或服务能够按照特定地区的需要实行重点集中，也能获得竞争优势。例如，原天津自行车二厂生产加重自行车，该产品集中对准农村市场,从设计、耐用性、质量、价格各方面都以农村特点为依据,在农村市场十分畅销,被农民称为"不吃草的小毛驴"。此外,在经营地区有限的情况下,建立地区重点集中战略,也易于取得成本优势。如砖瓦、水泥、板材等建材企业,由于运输成本很高,将经营范围集中在一定地区之内是十分有利的。

4. 低占有率集中化战略

市场占有率低的事业部,通常被公司总部视为"瘦狗"类业务单元。对这些事业部,往往采取放弃或彻底整顿的战略,以便提高其市场占有率。但是,根据美国哈佛大学教授哈默什等人对市场占有率低、经营业绩好的美国企业的分析研究,结果发现,市场占有率低的企业的经营成功,主要依靠将经营重点集中在较窄的领域上。其特点有以下几个。

(1)低占有率企业的经营竞争,仅局限于少数细分市场,而且细分市场的选定十分谨慎;

(2)低占有率企业研究开发效率较高;

(3)低占有率企业重视利润,而不是以成长作为主要目标。

由此可见,市场占有率低的中小企业或事业部,如果充分发挥自己的优势,将经营重点对准特定的细分市场,有重点地进行研究开发,也能建立不败的竞争优势。

旅游企业集中于以下目标市场时,可以成功实施集中化战略。

(1)特定的购买者群体。例如 Contiki 公司,在世界上许多地区,向顾客销售以旅游大巴为主要交通工具的假日产品,目标市场锁定为 18~35 岁之间的群体,英国的 Saga 旅游公司把目标市场锁定为 55 岁以上的老年人群体;再如,西班牙的 La Manga 公司成功地瞄准了体育爱好者,尤其是高尔夫球爱好者,营销他们的度假产品。

(2)特定的旅游目的地。例如 Sunill Holladays 是一个小规模的英国旅游经营公司,它是由希腊的塞浦路斯人所创建并拥有的。尽管现在它也开发了其他地区业务,但它仍然通过利用对塞浦路斯这一目的地的深层次的了解和当地的关系网络与市场上更大的竞争对手竞争。

(二)集中化战略的实施步骤

旅游企业若想实施集中化战略就必须从以下几方面着力。

(1)识别形成特定细分市场的合适的目标消费者群体;

(2)识别该群体的特殊需求;

(3)建立的细分市场应足够大,以便能够维持经营;

(4)生产的产品能够满足该群体的特殊需求;

(5)决定在细分市场上是采取差异化战略还是成本领先战略。

二、集中化战略的适用条件、收益与风险

具备下列四种条件,采用集中化战略是适宜的。

(1) 具有完全不同的用户群,这些用户或有不同的需求,或以不同的方式使用产品。

(2) 在相同的目标细分市场中,其他竞争对手不打算实行集中化战略。

(3) 企业的资源不允许其追求更广泛的市场。

(4) 行业中各细分部门在规模、成长率、获利能力方面存在很大差异,致使某些细分部门比其他部门更有吸引力。

同其他竞争战略一样,集中化战略也能使企业获得竞争优势。其主要收益表现在以下两方面。

(1) 与针对整个市场的战略相比,集中化战略只需要较少的资源投入。根据中、小型企业在规模、资源等方面所固有的一些特点,以及集中化战略这一特性,可以说集中化战略对中、小型企业来说可能是最适宜的战略。

(2) 将目标集中于特定的细分市场,为细分市场提供更专业化和更富有知识的服务。

集中化战略也有相当大的风险,主要表现在以下两方面。

(1) 战略目标市场与整体市场之间对所期待的产品或服务的差距缩小。由于企业全部力量和资源都投入到一种产品或服务或一个特定的市场,当细分市场中的顾客偏好发生变化,或者说细分市场中的顾客需求与一般市场中的顾客需求趋同时,就会发现这部分市场对产品或服务需求下降,企业就会受到很大的冲击。

(2) 竞争对手在战略目标市场中又找到细分市场。在更广泛范围内竞争的企业,如果认为实行集中化战略的公司所服务的细分市场很有吸引力,值得展开竞争,就可能会开发更加狭窄的细分市场。此时,企业原来的集中就不再集中,集中化战略的优势就会被削弱或清除。

第四节 整 合 战 略

由于三种基本竞争战略均存在各自的风险,因此越来越多的企业开始采用整合战略来降低风险。在全球市场,与单纯依赖上述某一竞争战略的企业相比,能够成功地执行成本领先与差异化整合战略的企业将处于一种更加有利的地位。这种能够把成本领先和差异化融合在一起的能力对于维持企业的竞争优势是至关重要的。

第六章
旅游企业的竞争战略

越来越多的事实证明了实施整合战略与获取竞争优势之间的关系。例如，一段时间以前，研究学者们发现在低利润行业竞争的企业中，最成功的总是那些能把成本领先与差异化战略有机结合起来的企业。有研究表明：具有多种竞争优势的企业的经营业绩通常要好于那些只具有一种竞争优势的企业。其他研究还发现，在旅游行业中，表现最佳的企业也是那些把差异化和成本领先战略融合在一起的企业，这证明了整合性战略的可行性。

成功执行整合性战略的企业之所以能获得竞争优势，关键原因在于这种战略的好处具有两重性：成本领先意味着低成本，与此同时，差异化则可把价格定得更高。这样，整合性战略就使企业通过向顾客提供两种形式的价值来获得竞争优势：一些差异化的特征（但数量上不及专门执行产品差异化战略的公司）和相对较低的成本（但无法与成本领先者同样低）。

Kosmo.com 是一家新兴创业公司，它想通过采用成本领先与差异化整合的战略来获得竞争优势。Kosmo.com 通过网站向顾客推出大量"垃圾食品"和录像带。公司由首席执行官约瑟夫·帕克（Joseph Park）创办并运作，主要是迎合纽约人的品位，希望通过点击鼠标来满足纽约人对食品的独特要求。顾客可以通过网站购买并要求公司 1 小时以内送货上门，项目包括奥利奥、爆玉米花、饮料、录像带、报纸杂志、DVD 等。免费送货是公司最主要的差异化特征之一。因为没有自己的鼠标加水泥商店（电子商务），Kosmo.com 各类食品的定价与本地的杂货店水平相当。每笔订单平均金额为 10 美元，公司目前的年销售额已接近 400 万美元。按计划，继西雅图和旧金山之后，Kosmo.com 近期将在波士顿和华盛顿两地推出其业务。尽管亚马逊网上书店也有录像带出售，但由于运费和处理费用的原因，等你拿到录像带时，价格就已经提高了。例如，亚马逊网上书店上的《莎翁情史》DVD 售价为 9 美元。如果你希望当天收到就另加 9 美元的运费，如果你要求一周内发出就另加 3 美元。Kosmo.com 所提供的产品价格与其相同，但不收任何运费。帕克目前仍在继续推行这种成本领先和差异化整合的战略，准备在全国 100 家城市推出 100 个小的 Kosmo。这样，Kosmo.com 的差异化特征就包括在线购买和送货上门的双重便利，这为那些希望立刻看到想看的录像带、吃到想吃的食品的顾客创造了一种即时的愉悦。关于成本领先与差异化战略整合的成本，Kosmo.com 所售商品的价格与传统商店的价格持平。这样，公司的战略就从差异化和节省运费两方面为顾客创造了价值。

在获取竞争优势方面，整合性战略的潜力是非常大的，但这种潜力也伴随着巨大的风险。采用低成本和高差异战略组合较好地弥补了低成本和差异化战略的缺陷，可以使

企业有效规避采用单一低成本或差异化战略所带来的风险。但这种战略组合对企业的战略规划和战略管理能力和控制能力也提出了更高的要求,企业必须在整个行业或者某个局部市场同时寻求不断降低成本和创造差异的方案,而且在上述两个方面具有超过竞争对手的优势,同时要求企业在战略上具有很高的应变能力或者弹性。

战略组合的最大风险在于:如果企业无法在其选定的竞争范围内确立自己的领导地位,或者成为成本领导者和差异者,那它就有可能"被困在中间"。这就使企业无法成功应对五种竞争力量,也就无法获得竞争优势。事实上,一些研究结果表明,经营业绩很差的企业几乎全都没有一个可识别的竞争优势。不具备一种鲜明的、可识别的竞争优势就会导致企业被困在中间。

本章案例

估值从1亿到150亿美元,绿山咖啡靠什么?[①]

初创公司和大企业最本质的区别是什么?大公司执行的是一个已经得到验证的商业模式,而初创公司是在探索一个未知的商业模式。

初创公司需要自己的工具——精益创业,这个工具应该不同于已有公司,精益创业也要有商业计划。

一、赚钱的商业计划的五个维度

虽然商业计划的形式千变万化,但都有一个基本的框架,包括以下五个维度。

第一个维度,你的核心价值主张是什么,能为用户带来什么样的基本价值?

第二个维度,基于这个核心价值主张,你识别的用户痛点是什么?你能提供什么样的解决方案?这是关于价值的创造。

第三个维度是关于价值的捕获,在为用户创造价值的同时,你自身能够从中捕获什么样的价值?

第四个维度是大家都非常熟悉的盈利模式。

最后一个维度是价值网络:谁是你的朋友,谁是你的敌人。

[①] 由中欧国际工商学院龚焱教授在混沌研习社(ID:dfscx2014)的演讲内容整理而成。

二、胶囊杯咖啡打开了整个行业的价值空间

一个美国家庭每年消费 19.1 杯饮料，咖啡的消耗量达到了 2.48 杯。每天早上家庭主妇会给家里煮一大罐咖啡，每个人喝一杯。

在这个准备过程里，有什么样的痛点？

（1）时间长，早上的每一分钟都很宝贵。

（2）洗杯子，清洗也很麻烦。

（3）口味单一，如何来调节口味？只能加伴侣，或者多加点糖、奶。

（4）咖啡无法回收，喝不完只能倒掉。

（5）这是一个传统的电咖啡壶的说明书，它告诉你一共要有五步，每六盎司的水要加两调羹的咖啡，新用户较难把握比例。

针对时间和清洗的痛点，有一家叫绿山咖啡的公司推出了对应的解决方案——胶囊式的咖啡杯。你需要做的就是把这个咖啡杯放入咖啡机里，十秒钟之内你就可以喝上咖啡。

针对口味的痛点，绿山咖啡几乎和全球每一个大品牌都有合作，包括星巴克、斯纳普，现已超过两百种口味，它把这个咖啡机变成了一个平台式的咖啡机。

绿山咖啡的解决方案是不是跟这两个痛点高度吻合？当解决方案跟痛点高度吻合的时候，能够给用户带来强烈的价值主张，能够给这个企业带来一个巨大的价值空间。

但对于商业计划的两个维度，一个价值创造，一个价值捕获，你自身如何从中获取价值？

这就是经典的"剃刀-刀片"模式，可以把咖啡机看成饮料进入家庭的平台，就像手机是社交的平台，电视可能成为家庭生活和信息接入的平台。

以成本价 100 美元销售咖啡机（咖啡机外包给中国的供应商生产），然后靠销售不断消耗的咖啡杯来赚钱，但这种咖啡机，只能和绿山申请专利的"K 杯"配套使用。

在胶囊杯出现之前，这家公司是一个大宗的咖啡豆批发商。在整个咖啡的产业链条里边干的是最累的活，但是它获取的利润是非常低的。

如果你在美国买一杯中杯的拿铁大概是 3.5 美元，咖啡豆成本是 3 美分，纸杯 7 美分。一杯拿铁最大的成本是牛奶，牛奶 23 美分，整个材料成本占到价格的 8%左右。

当绿山咖啡转型到胶囊杯的解决方案之后，同样的咖啡，原来咖啡豆占 3 美元，现在变成 67 美分一个杯子。这个杯子里面的咖啡，和原来一杯的咖啡没有任何变化。但是它把整个公司的空间打开了，甚至把整个行业的空间提升了。

2006 年这家公司转型之后，现在咖啡机的安装量已经达到了 1 600 万台，这就像是

1 600万个吊钩，每个吊钩每天消耗一个咖啡杯，一年消耗超过50亿个咖啡杯。

这家公司为整个行业打开了巨大的价值空间，在一个红海市场中间发现了一个新的蓝海。

绿山咖啡的K杯、包装线和咖啡机的创新技术，在美国申请了32项专利，在全球有69项，虽然现在已失效。

超过25%的人将此咖啡机作为礼物赠送，2010年8月，在美国《财富》周刊评选出的全球发展最快公司中，绿山咖啡站在全球第二的位置上傲视群雄。

三、商业模式的延展助力绿山咖啡估值飙升

绿山咖啡转型以前，2005年的销量是巨大的，年咖啡销售量12 000吨。这是什么概念？全中国2005年咖啡的销量总值为三万吨。

这样大的一个体量，资本市场却给了它一个极其屈辱性的估值——1亿美元。因为资本市场逻辑很简单：第一，这家公司是一个农产品公司，它的空间极其有限；第二，它经营的是一个周期性的农产品，咖啡是一个波动极为剧烈的农产品。

所以，能够帮助企业打开整个估值空间的，一定不是规模，甚至不是利润，而是整个价值框架创新的延展，整个商业模式的延展。

2006年这家公司开始转型，五年之内，这家公司的股价从1亿美元冲到了150亿美元。靠的就是绿山咖啡的1 600万个吊钩，组成了强大的护城河。因为这些吊钩对它的合作伙伴来说有非常大的价值。

2013年之后，这家公司股价又创了新高，而且可口可乐还宣布与它合作，联合推出单杯式可乐机。也就是说你如果想喝可乐，不用去超市买，你在胶囊机里面可以打出一杯可乐。

咖啡、茶或热可可生产商采用K杯包装，在绿山的咖啡机上使用，他们只需为此向绿山支付权益金6美分/杯。

这一举措使K杯把咖啡范畴以外的饮料都纳入了自己的体系——越来越多的饮品制造商企图让自己的产品进入K杯市场。这就是开放的平台体系战略，越开放越有价值！

而它终极的目标是什么呢？最终这个平台是一个三步式的过程。从热饮到冷饮，最终到食品。

案例讨论题：

1. 你认为绿山咖啡的差异化战略，具体差异体现在哪些方面？
2. 假设你已经决定在你所在的社区开一家咖啡馆。你想服务于哪一些细分市场？你的咖啡馆能满足这些顾客的哪些需求？你将如何满足这些需求？

本章思考题

1. 描述波特的一般竞争战略框架。
2. 简述三种基本竞争战略的适用条件与对组织的要求。
3. 简述三种基本竞争战略各自的优势及风险。
4. 旅游企业能否整合成本领先战略与差异化战略？为什么？
5. 选择一个你熟悉的旅游企业，这个企业成功地实施了一种（或更多）一般性竞争战略吗？为什么？你认为它在以一种有效的方式实施这些战略的过程中面临的挑战是什么？

第七章　旅游企业的发展战略

为了在竞争中获得相对于竞争对手的竞争优势，企业必须有竞争战略，即经营层战略；而在事业的筛选和管理上，企业还要有其未来发展战略，即公司层战略。

公司层战略是一家公司在多个行业或产品市场上为了获得竞争优势而对业务组合进行选择及管理的行为。公司层战略的实质就是使公司作为一个整体的实力超过它的各事业部实力单独相加的总和，即获得协同效应。公司层战略关注两个基本问题：① 公司应该在哪些事业中进行竞争？② 公司应该如何管理这些事业才能使它们创造出"协同效应"？

通过本章的学习，读者们能够做到：
◇ 熟知旅游企业发展战略，即公司层战略的含义及类型；
◇ 掌握不同类型战略的适用条件与利弊；
◇ 认识旅游企业选择发展战略的影响因素及选择发展战略的方法；
◇ 了解旅游企业在选择发展战略时存在的误区；
◇ 掌握一体化战略的类型、战略利益与战略成本；
◇ 掌握多元化战略的类型、战略利益与战略成本；
◇ 熟悉实施多元化战略时应注意的问题。

第一节　增长型战略

一般来说，一个企业是不能把有限的资源同时投入在各个战略业务单元的。因此，在整个组织（公司）的各个层面上，管理者们必须考虑各个战略业务单元应该选择的战略方向间的总体平衡，以便组织不断地发展和成长。一般来说，组织可选择的未来发展方向的战略主要有：增长型战略、稳定型战略和紧缩型战略。

增长型战略是一种使企业在现有的战略基础上向更高一级目标发展的战略。它以发展作为自己的核心内容，引导企业不断地开发新产品、开拓新市场，采用新的生产方式和管理方式，以便扩大企业的产销规模，提高竞争地位，增强企业的竞争实力。

从企业发展的角度来看，任何成功的企业都应当经历长短不一的成长型战略实施期，因为本质上来说只有增长型战略才能不断地扩大企业规模，使企业从竞争力弱小的小企业发展成为实力雄厚的大企业。

一、增长型战略的适用条件

目前，增长型战略是一种比较流行、使用频率较多的公司发展战略。在企业的实践中，该战略之所以被采用，并不仅仅是因为这一战略给企业带来了经营上的优势，还包括许多其他原因。

（1）在动态的环境中竞争，增长是一种求生存的手段。不断的变革能创造更高的生产经营效率与效益，从而能在不同的环境中适应并生存。

（2）扩大规模和销售可以使企业利用经验曲线或规模经济效应降低生产成本。

（3）许多企业管理者把增长视同成功。这种认识上的错误是因为没有意识到简单的总量增长有可能意味着效率和效益下降，因而追求增长型战略。

（4）增长快的企业容易掩盖其失误和低效率。

（5）企业增长得越快，企业管理者就越容易得到升迁或奖励，这是由最高管理者或最高管理层所持的价值观决定的。

可以看到，企业选择增长型战略的原因有时可能并不是单一从经营上考虑的，而往往与经营者自身利益相关。因而，增长型战略的使用确实存在着一定的误区，因为其使用有以下适用条件。

（1）企业必须分析战略规划期内的宏观经济景气度和产业经济状况。这是由企业增长型战略的发展所决定的。企业要实施增长型战略，就必须从环境中取得较多的资源。如果未来阶段宏观环境和经济走势都令人乐观的话，消费品需求者和投资品需求者都有一种理性的预期，认为未来的收入会有所提升，因而其需求将会有相应幅度的增长，这就保证了企业增长型战略的实施。从上面分析可以看出，在选择增长型战略之前必须对经济走势作一个较为细致的分析，良好的经济形势往往是增长型战略成功的条件之一。

（2）增长型发展战略必须符合政府管制机构公布的政策法规和条例等约束。世界上大多数国家都鼓励高新技术企业的发展，因而一般来说这类企业很自然地可以考虑采用增长型战略。

（3）公司必须有能力获得充分的资源来满足增长型战略的要求。由于采取增长型战略需要较多的资源投入，因此企业从内部和外部获得资源的能力就显得十分重要。这里的资源是一个广义的概念，既包括通常意义上的资本资源，也包括人力资源、信息资源等。在资源充分性的评价过程中，企业必须问自己一个问题："如果企业在实行增长型战

略的过程中由于某种原因暂时受阻,是否还有能力保持自己的竞争地位?"如果回答是肯定的,那表明企业具有充分的资源来实施增长型战略,反之则不具备。

(4) 判断增长型战略的合适性还要分析企业文化。企业文化是一个企业在其运行和历史发展中所积淀下来的深植于员工心中的一套价值观念,不同的企业具有各异的文化特质。如果一个企业的文化氛围是以稳定为主旋律的话,那么增长型战略的实施就要克服相应的"文化阻力",这无疑增加了战略的实施成本。当然,企业文化也并不是一成不变的事物,事实上,积极和有效的企业文化的培育必须以企业战略作为指导依据。这里要强调的只是企业文化有可能会使某种战略的实施带来一定的成本,而并不是认为企业文化决定企业战略。

二、增长型战略的利弊分析

与其他公司层战略一样,增长型战略也有相应的利弊,在实施决策前要充分地加以权衡,其优点体现在以下方面。

(1) 企业可以通过发展提高自身的价值,这体现在经过扩张后企业的市场份额和企业资产的增加。这种价值既可以成为企业职工的荣誉,又可以成为企业进一步发展的动力。

(2) 企业能通过不断变革来创造更高的生产经营效率与效益。由于采用增长型战略,企业可以获得过去不能获得的崭新机会,避免企业组织的老化,使企业总是充满生机和活力。

(3) 在竞争日益激烈的今天,增长型战略能保持企业的竞争实力,增强企业的竞争优势。犹如"逆水行舟,不进则退"一样,如果在竞争对手都采用增长型战略的情况下,企业还在采用稳定或紧缩型战略,那么很有可能在未来失去竞争优势。

当然,增长型战略也存在着一些弊端,主要表现在以下几个方面。

(1) 在采用增长型战略获得初期的效果之后,很可能导致企业盲目的发展和为发展而发展,从而破坏企业的资源平衡。要克服这一弊端,要求企业在做出每一个发展战略决策之前都必须重新审视和分析企业的内外部环境,判断企业的资源状况和外部机会。

(2) 过快的发展很可能降低企业的综合素质,使企业的应变能力虽然表面上不错,而实质上却出现内部危机和混乱。这主要是由于企业新增机构、设备、人员太多,而未能形成一个有机的相互协调的系统而引起的。针对这一问题,企业可以考虑设立一个战略管理的临时性机构,负责统筹和管理扩张后企业内部各部门、人员之间的协调,在各方面的因素都融合在一起之后,再考虑取消这一机构。

（3）增长型战略很可能使企业管理者更多地注重投资结构、收益率、市场占有率、企业的组织结构等问题，而忽视产品和服务的质量，重视宏观的发展而忽视微观的问题，因而不能使企业达到最佳状态。克服这一弊端需要企业战略管理者对增长型战略有一个正确而全面的理解，要意识到企业发展战略是企业战略体系中的一个部分，因而在实施过程中必须通盘考虑。

三、增长型战略的类型

企业通常运用的分析增长战略的模型就是伊戈·安索夫矩阵，如图7-1所示。这个矩阵有两个变量（产品和市场），共有四种组合。

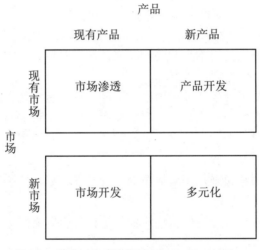

图 7-1　伊戈·安索夫矩阵（Ansoff，1987）

在此应该强调的是，因为许多新产品可能会遭到失败，或者在进入新市场时管理者没有掌握足够的相关市场的知识，所以进入新市场或生产新的产品可能会带来一定的风险。于是，最低风险的选择应该是市场渗透。

（一）市场渗透战略

市场渗透战略，是由企业现有产品和现有市场组合而产生的战略。它的主要目的就是在现有市场上运用现有产品来增加市场份额。

在现有市场上如何扩大现有产品的销售量主要取决于两个因素，即：销售量＝产品使用人的数量×每个使用人的使用频率。所以，市场渗透战略的具体思路主要从这两个

因素角度出发,具体来说明如下。

1. 扩大产品使用人的数量

(1) 转变非使用人。企业通过努力把原来不使用本企业产品的人转变为使用人。

(2) 努力发掘潜在的顾客,把产品卖给从未使用过本企业产品的用户。例如本来为妇女生产的洗发剂,现在又成功地推销给男士及儿童使用。

(3) 把竞争者的顾客吸引过来,使之购买本企业的现有产品。例如百事可乐公司劝说可口可乐的消费者改饮百事可乐。

2. 扩大产品使用人的使用频率

(1) 增加使用次数。企业可以努力使顾客更频繁地使用本企业的产品。例如肉联厂可以宣传它生产的火腿肠不仅可以夹在面包里吃,而且还可以放在菜里、放在汤里吃,味道同样鲜美,因此早、中、晚餐都可以吃。

(2) 增加使用量。企业努力使用户在每次使用时增加该产品的使用量。例如油漆公司可以给用户暗示,每次使用本企业的产品来油漆家具时,起码要上三遍油漆,上油漆的次数愈多,则家具会愈光亮、美观。

总之,市场渗透战略希望通过运用现有产品,从现有市场上赢得更多的顾客。这种战略风险最小。如果市场处于成长期,在短期内这一战略可能会使企业利润有所增长。但是当市场日趋成熟时,企业必然会面临激烈的竞争。对使用渗透战略的企业最致命的打击是市场衰竭。

市场渗透战略表面看起来是风险最小的一种发展战略,但因为以下四个原因,它也许是风险最大的一种发展战略。

第一,除非该企业在市场上处于绝对优势地位,否则必然会出现许多强有力的竞争对手;

第二,企业管理者宁愿把精力放在现有事务的处理上,因而可能错过了更好的投资机会;

第三,顾客兴趣的改变容易导致企业现有目标市场的衰竭;

第四,一项大的技术突破甚至可能会使产品在一夜之间成为一堆废物。

在以下几种情况下,可以考虑采用市场渗透战略。

(1) 现有市场有增长的潜力;

(2) 其他竞争者正准备离开市场;

(3) 企业能够利用在市场中已经获得的经验和知识;

(4) 由于某些原因(如资源不足、规制)企业不能进入新的市场。

当一个企业目前的市场显示出已经饱和的信号时,它就可能考虑选择新的发展方向。

(二)市场开发战略

市场开发战略,是由现有产品和新市场组合而产生的战略。它可以利用现有产品(尽管他们可能在细节上有些变化)进入新市场。新市场可以指新的地理位置或现存市场的新的细分部分。无论哪种情况,战略选择都是企业试图用现有产品范围吸引新顾客。由于它是在新市场上的重新定位,因此,市场开发成功的关键在于产品的可转移性。例如,麦当劳快餐店,为了考虑到国家间的文化差异和购买习惯,在不同的国家对产品进行不断的小改进。进入现有市场的新的细分部分时,需要开发新的竞争力,以满足这些细分市场上顾客的特殊需求。

国际化战略和全球化战略常被用作市场开发战略的例子,当进入国际市场时,一个企业需要建立新的竞争力来处理语言、文化、后勤和其他潜在的问题。

在以下情况下,企业可以考虑使用市场开发战略。

(1)现有市场几乎没有或根本没有增长潜力;

(2)在目前市场上,企业的市场份额的增长受到法律或其他方面的制约;

(3)其他区域上的市场或细分市场有良好的增长潜力;

(4)现有产品有良好的可转移性。

市场开发战略的主要风险在于对进入的市场,企业的管理者可能只有有限的经验,导致结果会付出很昂贵的代价。

(三)产品开发战略

产品开发战略,是由现有市场和新产品组合而产生的战略,即对企业现有市场投放新产品或利用新技术增加产品的种类,以扩大市场占有率和增加销售额的企业发展战略。从某种意义上来说,这一战略是企业发展战略的核心,因为对企业来说,市场毕竟是不可控制的因素,而产品开发是企业可以努力做到的可控因素。

在以下情况下,企业可以考虑运用产品开发战略。

(1)企业已经拥有了很高的市场份额,通过新产品的投放能够加强它的市场地位;

(2)现有市场有很好的增长潜力,这将为投入的新产品提供高经济回报的机会;

(3)消费者的喜好正在变化,并且他们很乐意接受新的产品或新的目的地;

(4)竞争对手已经投放了它们自己的新产品。

尽管一提起产品开发,就会考虑到"新"产品,但是几乎很少有产品是完全新的,飞往月球的旅行就是这样的例子。许多新产品都是现有产品的变体或者对某一特定组织而言是"新"的。因此,新产品可以是:

(1)对于某一特定企业而言是完全新的,例如旅游公司新创办的航空公司;

(2) 对现有产品的追加开发，如旅行社开发的新的旅游目的地；

(3) 对原有产品质量的创新。

（四）多元化战略

多元化战略，指企业通过新产品和新市场来实现增长的战略，即企业开发新产品来满足新市场的需求。多元化可以通过开发许多方向（本章的第五节将讨论），和利用许多不同方法（将在第八章介绍）来实现。

在以下情况下，企业可以考虑采用多元化战略。

(1) 目前的产品和市场不能再提供可接受的财务回报；

(2) 企业目前未能充分使用其资源和能力；

(3) 企业想拓宽业务范围的组合；

(4) 企业希望更有效地利用现有的分销系统，来分摊固定成本并增加回报；

(5) 企业想分散风险；

(6) 有些领域需要平衡周期性的影响。

在实践中，有两种基本的公司增长战略：一种是增长集中于单一产品（服务）线或集中于一个产业，即通过实施一体化战略（见本章第四节）来达到企业增长的目的；另一种则通过进入其他产品线或其他产业实现多元化的方式来实现增长，即多元化战略（见本章第五节）。企业的这两种增长战略都可以通过内部增长的方式，如投资新产品开发，或通过并购、战略联盟等外部增长的方式来实现（将在第八章介绍）。

第二节 稳定型战略

企业的生存和发展是一种有节奏的运动过程，不可能像人们所希望的那样永远处于迅速发展之中。有时由于内外部环境的变化，出现了一些障碍性因素，会妨碍企业的发展；有时企业在经历了一段高速发展之后，需要进行调整，巩固已有的成果，积累力量，争取新的发展。这时就需要采用稳定型或谨慎型战略来指导企业。本节将重点介绍稳定型战略。

一、稳定型战略的概念及类型

稳定型战略，是指在内外部环境约束下，企业准备在战略规划期限内使其资源分配和经营状况基本保持在目前状态和水平上的战略。企业采取稳定型战略也就意味着企业经营方向及经营产品在其经营领域内所达到的产销规模和市场地位都大致不变，或以较小的幅度增长或减少。

在具体实施方式上,稳定型战略又可依据其目的和资源分配的方式分为不同类型。下面介绍美国的一些管理学家对稳定型战略类型的划分。

1. 无变化战略

无变化战略,是一种基本没有什么变化的战略。采用它的企业可能是基于以下两个原因:(1)企业过去的经营相当成功,并且企业内外环境没有发生重大变化;(2)企业并不存在重大的经营问题或隐患,因而企业战略管理者没有必要进行战略调整,或者害怕战略调整会给企业带来利益分配和资源分配的困难。在这两种情况下,企业的管理者和职工可能不希望企业进行重大的战略调整,因为这种调整可能会在一定时期内降低企业的利润总额。采用无变化战略的企业除了每年按通货膨胀率调整其目标以外,其他都暂时保持不变。

2. 维持利润战略

这是一种以牺牲企业未来发展来维持目前利润的战略。维持利润战略注重短期效果而忽略长期利益,其根本意图是渡过暂时性的难关,因而往往在经济形势不太景气时被采用,以维持过去的经营状况和效益,实现稳定发展。但用得不当的话,维持利润战略可能会使企业的元气受到伤害,影响长期发展。

3. 暂停战略

在一段较长时间的快速发展后,企业有可能会遇到一些问题使得效率下降,这时就可采用暂停战略,即在一段时期内降低企业的目标和发展速度。例如,在采用并购发展战略的企业中,往往会在新收购的企业尚未与原来的企业很好地整合在一起时,先采用一段时间的暂停战略,以便于有充分的时间来重新实现资源的优化配置。从这一点来说,暂停战略有可以让企业积聚能量、为今后的发展做好准备的功能。

4. 谨慎实施战略

如果企业外部环境中的某一重要因素难以预测或变化趋势不明显,企业的某一战略决策就要有意识地降低实施进度,步步为营,这就是所谓谨慎实施战略。比如,某些受国家政策影响比较严重的行业中的企业,在政策或法规公布之前,就很有必要采用谨慎实施战略,一步步稳固地向前发展,而不是不问青红皂白地大干快上,置未来政策于不顾。

二、稳定型战略的适用条件

采取稳定型战略的企业,一般处在市场需求及行业结构稳定或者较少动荡的外部环

境中。但是，有些企业在市场需求以较大幅度增长或是外部环境提供了较多发展机遇的情况下也会采用稳定型战略。这些企业一般来说是由于资源状况不足以使其抓住新的发展机会而不得不采用相对保守的稳定型战略态势。下面分别讨论企业外部环境和企业自身实力对采用稳定型战略的影响。

1. 外部环境

外部环境的相对稳定性会使得企业更倾向于稳定型战略。影响外部环境稳定性的因素很多，大致包括以下几方面。

（1）宏观经济状况会影响到企业所处的外部环境。如果宏观经济在总体上保持总量不变或总量低速增长，那么企业所处行业的上游、下游产业也往往只能以低速增长，这就势必影响到该企业所处行业的发展，使其无法以较快的速度发展。因此，由于宏观经济的慢速增长导致某一产业的增长速度也降低，这就会使得该产业内的企业倾向于采用稳定型战略，以适应这一外部环境。

（2）行业的技术创新度。如果企业所在的行业技术相对成熟，技术更新速度较慢的话，企业过去采用的技术和生产的产品无须经过太大的调整就能满足消费者的需求并与竞争者抗衡。这样产品系列及其需求保持稳定，从而促使企业采纳稳定型战略。

（3）消费者需求偏好的变动。这是决定产品系列稳定度的另一方面。消费者频繁的偏好转移势必使得企业在产品特性和营销策略上与过去的做法有所不同，否则将会被竞争对手所击败，而这种策略上的变动毫无疑问将影响到企业的经营战略。因而企业若继续采用稳定型战略态势的话，很可能陷入被动。从这点来看，稳定型战略适合于消费者需求偏好较为稳定的企业。

（4）产品生命周期（或行业生命周期）。对于处于行业或产品的成熟期的企业来讲，产品需求、市场规模趋于稳定、产品技术成熟，新产品的开发和以新技术为基础的新产品开发难以取得成功，因此以产品为对象的技术变动频率低，同时竞争对手的数目和企业的竞争地位都趋于稳定，这时提高市场占有率、改变市场地位的机会很少，因此较为适合采用稳定型战略。

（5）竞争格局。如果某企业所处行业的进入壁垒非常高或由于其他原因使得该企业所处的竞争格局相对稳定，竞争对手之间很难有较为悬殊的业绩改变，则企业若采用稳定型战略可以获得最大的收益，因为改变竞争战略带来的业绩增加往往是不如人意的。

2. 企业内部实力

正如前面所说的，企业战略的实施，一方面需要与外部环境相适应，另一方面要有相应的资源和实力来实施，也就是既要看到外部的机会与威胁，又要看到企业自身的优势与劣势。即使外部环境较好，行业内部或相关行业市场需求增长为企业提供了有利的发展机会，也并不意味着所有的企业都适合采用增长型战略。如果企业资源不够充分，如可以用来投资的资金不足、研发力量较差或在人力资源方面无法满足增长型战略的要求时，就无法采取扩大市场占有率的战略。在这种情况下，企业可以采取以局部市场为目标的稳定型战略，以使其有限的资源能集中在某些自己有竞争优势的细分市场，维护竞争地位。

当外部环境较为稳定时，资源较为充足的企业与资源相对较为稀缺的企业都应当采用稳定型战略，以适应外部环境，但两者的做法不同。前者可以在更为宽广的市场上选择自己战略资源的分配点，而后者应当在相对狭窄的细分市场上集中自身资源，以执行稳定型战略。当外部环境较为不利，比如行业处于生命周期的衰退阶段时，资源丰富的企业可以采用一定的稳定型战略；而对那些资源不够充足的企业来说，则应视情况而定：如果它在某个细分市场上具有独特的竞争优势，那么也可以考虑采用稳定型战略态势；但如果本身就不具备相应的特殊竞争优势，那么不妨实施紧缩型的战略，以将资源转移到其他发展较为迅速的行业。

三、稳定型战略的利弊分析

以上讨论了稳定型战略在不同内外环境下的适用性。就一般意义上来说，稳定型战略具有自己的优点和缺点。其优点主要表现在以下方面。

（1）企业经营风险相对较小。由于企业基本维持原有的产品和市场领域，可以利用原有的生产经营领域、渠道，从而避免开发新产品和新市场所必需的大额资金投入、激烈的竞争抗衡和开发失败的巨大风险。

（2）能够避免因改变战略而需改变资源分配的困难。由于企业经营方向和内容等与过去大致相同，因而稳定型战略不必考虑原有资源的增量或存量调整，相对其他公司层战略来说，要容易许多。

（3）能够避免因发展过快而导致的弊端。在行业发展迅速时，许多企业无法清醒地看到潜伏的危机而盲目发展，结果造成资源的大量浪费。我国的许多彩电和空调企业就犯过这种毛病，造成了设备闲置、效益不佳的结局。

（4）能给企业一个较好的修整期，使企业积聚更多的"能量"，以便为今后的发展做好准备。

从这点上说，适时的稳定型战略是将来的增长型战略的一个必要的酝酿阶段。

但是，稳定型战略也具有不少的弊端，主要表现在以下几个方面。

（1）稳定型战略的执行是以包括市场需求、竞争格局在内的外部环境的基本稳定为前提的。一旦企业的这一判断没有被验证,就会打破战略目标、外部环境、企业实力三者之间的平衡,使企业陷入困境。因此,如果环境预测有问题的话,稳定型战略也有很大的风险。

(2)特定细分市场的稳定型战略往往也隐含着较大的风险。经营资源减少、竞争地位弱的企业,一般采取以局部特定细分市场为目标的稳定型战略。它有两个突出的特点:第一,将企业的全部力量集中于少数几个市场面;第二,以本企业在这些市场上具有强大的差异优势为前提及成功的关键。这就使其具有更大的风险。如果对这部分特定市场的需求把握不准,企业可能全军覆没。一般来说,各细分市场的需求往往更容易受宏观环境的影响,比如政府的经济、技术政策等突然发生变化。另外,如果企业在细分市场上形成的差异优势由于竞争对手的模仿或行业条件的变化而弱化或消失,又建立不起新的差异优势,就无力抵御强大的竞争者的进攻,从而会丧失市场,陷入困境或破产。

(3)稳定型战略也容易使企业的风险意识减弱,甚至形成惧怕风险、回避风险的企业文化,这就会大大降低企业对风险的敏感性、适应性和抗拒风险的勇气,从而也增大了以上所述风险的危害性和严重性。

稳定型战略的优点和弊端都是相对而言的,企业在具体的执行过程中必须权衡利弊,准确估计其收益和风险,并采取合适的风险防范措施。只有这样,才能保证稳定型战略优点的充分发挥。这也许是稳定型战略真正的最大风险所在。

第三节 紧缩型战略

当企业处在一种十分险恶的经营环境之中,或者由于决策失误等原因造成经营状况不佳,采用增长型战略和稳定型战略都无法扭转局势时,企业不得不面对现实,减少经营领域,缩小经营范围,关闭不盈利的工厂,紧缩财务开支。这时就需要采用紧缩型战略来维持企业的生存。

一、紧缩型战略的概念及类型

随着企业的经营环境在不断变化,原本有利的环境在经过一段时间后会变得不利;原来能容纳许多企业发展的行业会因进入衰退阶段而无法为所有企业提供最低的经营报酬;或是企业为了进入某个新业务领域需要大量的投资和资源的转移等。所有上述情况的发生都会迫使企业考虑紧缩目前的经营,甚至退出目前的业务或实施公司清算,即考虑采用紧缩型战略。

紧缩型战略是指企业从目前的战略经营领域和基础水平收缩和撤退,且偏离战略起点较大的一种经营战略。与稳定型战略和增长型战略相比,紧缩型战略是一种消极的发展战略。一般来说,企业实行紧缩型战略只是短期性的,其主要目的是避开环境的威胁并迅速地实行自身资源的最优配置,向其他行业转移。可以说,紧缩型战略是一种以退为进的公司层战略。

根据紧缩的方式和程度不同,紧缩型战略又可以分为抽资转向战略、放弃战略和清算战略等三种类型。

1．抽资转向战略

抽资转向战略是企业在现有的经营领域不能维持原有的产销规模,不得不采取缩小产销规模和市场占有率,或者企业在存在新的更好的发展机遇的情况下,对原有的业务领域进行压缩投资、控制成本以改善现金流,从而为其他业务领域提供资金的战略方案。

抽资转向战略可以采取以下措施来配合进行。

（1）调整企业组织。这包括改变企业的关键领导人,在组织内重新分配责任和权利等。调整企业组织的目的是使管理人员适应变化了的环境。

（2）降低成本和投资。这包括压缩日常开支,实行更严格的预算管理,减少一些长期投资项目等;也可以适当减少广告、研发、公共关系等活动,缩小或减少某些管理部门或降低管理费用。在必要的时候,企业也会以裁员作为压缩成本的方法。

（3）减少资产。这包括出售与企业基本生产活动关系不大的土地、建筑物和设备;关闭一些工厂或生产线;出售某些在用的资产,再以租用的方式获得使用权;出售一些盈利产品,以获得急需使用的资金等。

（4）加速收回企业资产。这包括加速应收账款的回收期,派出讨债人员收回应收账款,降低企业的存货量,尽量出售库存产成品等。

抽资转向战略会使企业主营方向发生变化,这有时会涉及经营的基本宗旨的变化,其成功的关键是管理者明晰的战略管理概念,即必须决断是对现存的企业业务给予关注,还是重新确定企业的基本宗旨。

2．放弃战略

在采取抽资转向战略无效时,企业可以尝试放弃战略。放弃战略是指将企业的一个或几个主要部门转让、出卖或者停止经营。这个部门可以是一个经营单位、一条生产线或者一个事业部。放弃战略与后面将要介绍的清算战略并不一样。由于放弃战略的目的是要找到肯出高于企业固定资产时价的买主,所以企业管理人员应说服买主,认识到购买企业所获得的技术或资源,能使对方利润增加,而清算一般意味着基本上只包括资产的有形价值部分。

在放弃战略的实施过程中企业通常会遇到一些阻力，这些阻力来自以下三个方面。

（1）结构上或经济上的阻力。即一个企业的技术特征及其固定和流动资本妨碍其退出，例如一些专用性强的固定资产很难出售。

（2）公司战略上的阻力。如果准备放弃的业务与企业的其他业务有较强的联系，则该项业务的放弃会使其他有关业务受到影响。

（3）管理上的阻力。企业内部人员，特别是管理人员对放弃战略往往持反对意见，因为这往往会威胁他们的职业和业绩考核。

这些阻力的克服可以采用以下办法：在高层管理者中，形成"考虑放弃战略"的氛围；改进工资、资金制度，使之不与"放弃"方案相冲突；妥善处理管理者的出路问题。

3．清算战略

清算是指卖掉其资产或停止整个企业的运行而终止一个企业的存在。显然，清算战略对任何企业来说都不是最有吸引力的战略，而且通常只有当所有其他战略都失败时才启用它。但在确实毫无希望的情况下，尽早地制定清算战略，企业可以有计划地逐步降低企业股票的市场价值，尽可能多地收回企业资产，从而减少全体股东的损失。因此，清算战略在特定的情况下，也是一种明智的选择。

要特别指出的是，清算战略的净收益是企业有形资产的出让价值，而不包括其相应的无形价值。

二、紧缩型战略的适用条件

采取紧缩型战略的企业可能出于各种不同的动机。从这些不同的动机来看，紧缩型战略可以分为三种类型：适应型紧缩战略、失败型紧缩战略、调整型紧缩战略。下面分别论述这三类不同动机的紧缩型战略的适用性。

适应型紧缩战略是企业为了适应外部环境而采取的一种战略。这种外部环境包括经济衰退、产业进入衰退期、对企业产品或服务的需求减少等。在这些情况下，企业可以采取适应型紧缩战略来渡过危机、以求发展。因此，适应型紧缩战略的适用条件就是企业预测到或已经感知到了外界环境对企业经营的不利，并且企业认为采用稳定型战略尚不足以使企业顺利地渡过这个不利的外部环境。如果企业可以同时采用稳定型战略和紧缩型战略，并且两者都能使企业避开外界威胁、为今后发展创造条件，企业应当尽量采用稳定型战略，因为它的冲击力要小得多，因而给企业带来的风险也就小得多。

失败型紧缩战略是指由于企业经营失误造成企业竞争地位虚弱、经营状况恶化，只有采用紧缩战略才能最大限度地减小损失，保存企业实力。失败型紧缩战略的适用条件是企业出现重大的内部问题，如产品滞销、财务状况恶化、投资已明显无法收回等情况下。这就涉及一个"度"的问题，即究竟在出现何种严重的经营问题时才考虑实施紧缩战略？要回答这一问题，需要对企业的市场、财务、组织机构等方面做一个全面的评估，认真比较实施紧缩战略的机会成本，经过细致的成本效益分析，才能最后下结论。

调整型紧缩战略的动机则既不是经济衰退，也不是经营失误，而是为了谋求更好的发展机会，使有限的资源分配到更有效的使用场合。因而，调整型紧缩战略的适用条件是企业存在一个回报更高的资源配置点。为此，需要比较的是企业目前的业务单位和实行紧缩型战略后资源投入的业务单位。在存在着较为明显的回报差距的情况下，可以考虑采用调整型紧缩战略。

三、紧缩型战略的利弊分析

与其他的公司层战略一样，紧缩型战略也有利有弊。一般来说，其优点在以下三方面。

（1）能帮助企业在外部环境恶劣的情况下，节约开支和费用，顺利地度过面临的不利处境。

（2）能在企业经营不善的情况下最大限度地降低损失。在许多情况下，盲目而且顽固地坚持经营无可挽回的业务，而不明智地采用紧缩型战略，会给企业带来致命性的打击。一些世界性的大公司并不回避采取紧缩型战略。20世纪60年代初，美国无线电公司和通用电气公司都试图进入计算机市场，然而这两个公司的努力都没有得到预期的结果，于是两者都采用了紧缩型战略退出了计算机制造业。

（3）能帮助企业更好地实行资产的最优组合。如果不采用紧缩型战略，企业在面临一个新机遇时只能利用现有的剩余资源进行投资，这样做势必会影响企业在这一发展机遇上的前景。相反，通过采取适当的紧缩型战略，企业往往可以把不良运作的资源部分转移到新的发展点上，从而实现企业长远利益的最大化。

与上述优点相对应，紧缩型战略也有可能为企业带来一些不利之处。例如，实行紧缩型战略的尺度较难加以把握，因而如果盲目使用紧缩型战略，可能会扼杀具有发展前途的业务和市场，使企业总体利益受到伤害。此外，一般来说，实施紧缩型战略会引起企业内部人员的不满，从而引起员工情绪的低落，因为紧缩型战略在某些管理人员看来意味着工作的失败和不力。这些紧缩型战略潜在的弊端往往较难避免，这为战略管理者在公司层战略决策上提出了新问题，要求他们在紧缩型战略实施中对战略参与者加强宣传和教育，以减少可能的弊端。

第四节 影响企业选择发展战略的因素及选择发展战略的方法

一、影响企业选择发展战略的因素

由于发展战略的选择会对企业未来战略的实施效果产生重大影响,因而企业在做出决策时必须慎重。有时在对各种可能的发展战略进行全面评价后,企业管理者会发现好几项方案都是可以选择的。在这种情况下,会有一些因素对最后决策产生影响,这些因素在不同的企业和不同的环境中起到的影响作用是不同的,但了解这些因素对企业战略管理者制定合适的战略方案来说是非常必要的。

1. 企业过去的战略

对大多数企业来说,过去的战略常被作为战略选择过程的起点。因而,进入企业所考虑范围的战略方案的数量会受到基于企业过去的战略的限制。一项研究考察了 1950—1973 年间德国大众汽车公司的战略,结果发现,过去的战略决策强烈地影响着公司后来的战略选择。由于企业管理人员是过去战略的制定者和执行者,因此他们也常常倾向于不改动这些既定战略,这就要求企业在必要时撤换某些管理人员,以削弱目前战略对未来战略选择的影响,因为新的管理层可能更少受到过去所采用的战略的限制。

2. 管理者对风险的态度

企业和管理者对风险的态度影响着企业发展战略的选择。风险承担者一般采取一种进攻性战略,以便在被迫对环境的变化做出反应之前主动地做出反应。风险回避者则通常采取一种防御性战略,只有在环境迫使他们对环境变化做出反应时,他们才不得不这样做。风险回避者相对来说更注重过去的战略,而风险承担者则有着更为广泛的选择。

3. 企业对利益相关者的依赖性

企业总是生存在一个受到股东、竞争者、客户、政府、行业协会和社会影响的环境之中。企业对这些环境力量中的一个或多个因素的依赖程度也影响着其战略选择过程。对环境的较高的依赖程度通常会减少企业在其战略选择过程中的灵活性。

此外,当企业对利益相关者的依赖性特别大时,企业还会或不得不邀请利益相关者的代表参加发展战略的选择。

4. 企业文化和内部权势关系

任何企业都存在或强或弱的企业文化。企业文化和发展战略的选择是一个动态平衡、相互影响的过程。企业在选择发展战略时不可避免地要考虑企业文化对自身的影响。企业未来战略的选择只有充分考虑到与目前的企业文化和未来预期的企业文化相互包容和相互促进的情况下，才能被成功地实施。

另一方面，企业中总是存在着一些正式和非正式组织。由于种种原因，某些组织成员会共同支持某些战略而反对另一些战略。这些成员的看法有时甚至能左右发展战略的选择，因此在现实企业中，发展战略决策不可避免地或多或少要打上这些各种势力影响的烙印。

5．时期性

时期性首先是指允许进行发展战略决策的时间限制。例如，公司面临的财务危机使它的发展战略选择决策被限制在一个很紧迫的时间限度内。时限压力不仅减少了能够考虑的战略方案的数量，而且也限制了可以用于评价方案的信息的数量。事实表明，在时限压力下，人们倾向于把否定性因素看得比肯定性因素更重要一些，因而往往做出更具防御性的决策。时期性的第二个要点包括战略规划期的长短，即战略的时期着眼点。战略规划期长，则外界环境的预测相对更为复杂，因而在做战略方案选择时不确定性因素更多，这会使战略方案决策的复杂性大大增加。

6．竞争对手的反应

发展战略的选择中，还必须分析和预计竞争对手对本企业不同战略方案的反应。例如，企业采用增长型战略，主要竞争者会做出什么反击行为，从而对本企业打算采用的战略有什么影响。因此，企业必须对竞争对手的反击能力做出恰当的估计。

在寡头垄断型的市场结构中，或者市场上存在一个极为强大的竞争对手时，竞争对手反应对战略选择的影响更为重要。例如，我国各汽车公司都必须紧盯其他巨头的竞争反应，以确定其自己的战略。

二、企业选择发展战略的方法

企业常用的发展战略选择的方法主要有波士顿矩阵分析法和战略群模型两种。

（一）波士顿矩阵分析法

波士顿矩阵是美国波士顿咨询公司发明的一种被广泛运用的业务组合分析方法，它主要根据一个企业的相对竞争地位（市场份额）和业务增长率两个基本参数来进行发展战略的分析与选择。以业务增长率和相对竞争地位分别作为横轴与纵轴，可以将企业的各业务单位分为明星类、金牛类、瘦狗类和问题类等四类。

1．明星类业务

明星类业务的市场增长很快，并拥有较高的市场份额，因此有迅猛增长的销售规模。它们或许是销售经理的梦想，但是，由于它们可能会吸收大量的现金流，所以即使它们具有高获利性也可能会是会计人员的噩梦。企业经常会为这类业务花费大量的广告和产品的改进费用以便在市场发展较慢时，使它们变成金牛类业务。

2．金牛类业务

一种具有较低的市场增长量和较大市场份额的业务，既能使公司盈利，又能为公司带来大量的现金。公司用这类业务带来的利润来支持处于发展阶段的其他类业务。对这种业务采取的战略应该是维持经营，并强有力地防御其竞争者。

3．瘦狗类业务

市场份额占有量较低且市场增量也较低的业务。很显然，它的获利能力不大。因为它所在的市场增长率较低，所以培育这种业务将会遭遇成本风险。由此而来，一旦瘦狗类业务在业务组合中被识别出来，它通常会被排挤出市场。

4．问题类业务

这一类业务是由于它们的进退两难的困境而被贴切地定义成问题类业务。它们已在一个逐渐增长的市场中有了立足之地，但如不提高市场份额，那么它们会成为瘦狗类业务。因为这种业务可能不会有较大的销售量，所以将资源投入以获取较高的市场份额需要一定的勇气。这些产品需要尽快建立自己的市场地位，因此是公司大量现金的使用者，也就和公司大量的负现金流联系在一起的。

这个矩阵可以用来识别哪些业务或产品在什么时候应持续增长或退出。它可以用来帮助企业识别市场机会，也可以给企业提供强有力的证据以便将资源更好地应用到业务或产品开发中去。但是，使用该矩阵时所需的信息收集比较困难，而且获取和更新信息的时间耗费很大，因而一些旅游企业管理人员认为使用这一方法不值得。

为此，许多企业对波士顿矩阵作了改进，如 GE、壳牌石油等公司都做过改进的业务矩阵分析，将业务单位分类的指标更加丰富化和多样化，但其思考方法还是与波士顿矩阵相类似。

（二）战略群模型

战略群模型是对波士顿矩阵加以修正后得出的又一种企业发展战略选择方法，其主要内容体现在图 7-2 中。与波士顿矩阵类似，战略群模型也将业务单位划分为四种类型，即竞争地位和市场发展相互组合成的四个象限。

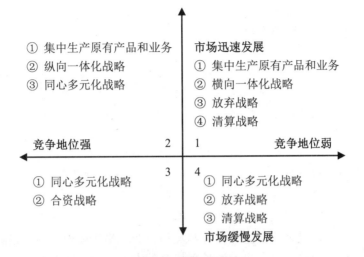

图 7-2　战略群模型

第 1 象限中的业务与问题类业务类似。这种业务要求战略管理者进行仔细分析，找出在迅速发展的市场上竞争地位较弱的原因，并确定是否有能力实现过去确定的战略目标。如果认定企业还具备尚未充分体现的潜在竞争优势和实力，经过努力能实现既定的战略业务单位战略目标，企业可以仍旧集中生产现有的产品和业务，或者用横向一体化战略来提升企业的竞争实力。相反，若分析的结果是在战略规划期内企业无法获得更多的竞争优势和实现既定的战略目标，那么企业可以考虑放弃和清算战略。

第 2 象限中的业务与明星类业务类似。首先选择的战略应当是集中发展目前的产品和业务，因为企业目前的战略实施情况是令人满意的。但是，如果企业拥有超过集中性增长战略所需的资源时，就可以考虑纵向一体化战略，因为这有助于更好地接近用户和供应商，从而保护企业的利润和市场份额。当然。企业也可尝试同心多样化的战略。但这对资源的要求大得多。

第 3 象限中的业务相当于金牛类业务。这些业务一般具有现金流入大，内部发展对资源的需求少的特点。所以，对它们既可以采取各种多元化战略，也可以采取联合投资的做法，以实现进入更有发展前途的业务领域的目标。

第 4 象限中的业务对应于波士顿矩阵中的瘦狗类业务。对于这类业务，如果企业管理者经过分析确认这种缓慢的市场发展和相对弱的竞争地位将继续下去，那么就应当实施紧缩型的抽资转向战略，或者干脆采用放弃和清算战略，以尽可能收回被其占有的资源。但如果这类业务的转向和清算战略较困难（如受沉没成本和资产专用性影响），企业也可考虑进行一定的多元化经营，力图从相关和不相关的业务领域中获取发展机遇。

三、发展战略选择的误区

在实际管理实践中,战略管理者往往容易犯一些共同的毛病,造成发展战略选择的失误。这些发展战略选择的误区有其背后的客观原因,这要求战略管理者在决策时要特别小心,下面介绍发展战略选择时的主要误区。

1. 盲目跟随他人

这是指企业没有仔细分析企业特有的内外部环境条件和自身的资源情况,而是盲目地追随市场领导者或目前流行的发展战略,从而造成失误。

盲目跟随他人往往发生在市场前景较为乐观、经济较为景气的时期。此时,诱人的外部环境会使大多数企业采取增长型战略。但是,结果常常是一哄而上,最后导致供大于求。而其中,一些实力强大、竞争优势明显的企业将最终获得市场扩张的好处。真正遭受损失的就是那些盲目跟风,采用增长型战略的中小企业,它们并没有经过审慎的战略分析,而是照搬其他企业的发展战略。

又如,在我国开始引入资产重组概念,采用并购方式来壮大企业实力的方式比较流行时,一些企业也不做认真的战略环境分析,盲目地购进一些对企业总体运作作用不大的企业,结果造成资产不能互相组合产生效益,使企业浪费了许多资源和发展机遇。

2. 过度分散投资领域

有些企业管理者认为投资许多行业和业务领域,既能降低经营风险,又能显示出企业实力。因此,它们只要有机会就倾向于实行各种多元化经营战略。

这其实是一种非常错误的观念,因为并不是投资领域越分散就越能体现企业的实力。事实上,多元化会使得企业资源的分散和管理经验变得欠缺。这些都将使得企业在各业务领域内的竞争实力受到影响。我国的一些企业,甚至包括一些上市公司,都深受这一错误观念的影响,结果在一些自身毫无经验的行业吃了大亏。

3. 排斥紧缩型战略

管理人员排斥紧缩型战略的原因是,实行紧缩即意味着管理人员的失败,而大多数人则不愿意看到自己的失败。而另一类管理人员却是因为缺乏全局观念而排斥紧缩型战略。他们一方面没有认识到有许多成本具有沉没成本特性,一旦投入进去就无法弥补,因而不如及早放弃或清算;另一方面,他们没有意识到在企业有更好的业务机遇时,完全可以将其他不良运作的业务资源转移过来,从而实现企业资源的最优配置。

需要特别强调的是,我国国有企业特有的预算软约束,加上企业管理者的行政本位,使得一些企业领导者对不良的业务部门不愿意及早撤退,而宁愿继续投入,形成"钓鱼工程"，给国家造成损失。

4. 战略规划与执行的非系统性

这里指的是战略规划在时间连续性，与未来环境的适应性方面不够系统。例如，战略制定出来实施的时间不长，就遇上主要管理人员的更换，由此造成发展战略的重新选择，使企业战略没有连续执行的效率，变得失去长期的总体效益。克服这一缺点的方法就是努力培养一种尊重既定战略、科学客观地执行战略的企业文化。只有这样，才能使企业战略发挥其应有的指导企业长期、全局的经营业务的作用。

第五节 一体化战略

如果公司当前的产品线有很大的增长潜力，那么公司采取的增长型战略可能会是一体化战略。

一体化战略，是指企业充分利用自己在产品、技术、市场上的优势，根据物资流动的方向，使企业不断地向深度和广度发展的一种战略。

一、一体化战略的类型

1. 纵向一体化

企业有两个基本的一体化战略，即纵向一体化和横向一体化。当企业通过纵向发展来获得企业的增长时，导致了纵向一体化。纵向一体化，也称为垂直一体化，是指企业在从原材料、生产以及到零售的整个产业价值链的多个环节进行纵向运作。纵向一体化，按物质流动的方向又可以划分为前向一体化和后向一体化，具体如下。

（1）前向一体化，是指企业与用户企业之间的联合，即企业替代以前由分销商承担的职能，目的是为了促进和控制产品的需求，搞好产品营销。

（2）后向一体化，是指企业与供应企业之间的联合，即企业替代以前由供应商承担的职能，目的是为了确保产品或服务所需的全部或部分原材料的供应，加强对所需原材料的质量控制。

2. 横向一体化

企业可以通过把产品扩展到其他地方或者向当前市场提供更广泛的产品或服务获得横向增长。横向增长导致了横向一体化。横向一体化，也称为水平一体化，是指与处于相同行业、生产同类产品或工艺相近的企业实现联合。实质是资本在同一产业和部门内的集中，目的是扩大规模、降低产品成本、巩固市场地位。横向一体化的流行方式是把

业务扩展到其他地区或国家。

二、纵向一体化的战略利益与战略成本

（一）纵向一体化的战略利益

1．实现范围经济，降低经营成本

（1）通过把技术上相区别的生产运作放在一起，企业有可能实现高效率。例如在制造业，这一做法能够减少生产过程的步骤数目、降低成本、减少运输费用。

（2）由于成品和零部件归并成一个系统，在生产、设计、营销等内部环节上，更易控制和协调，从而会提高企业的生产效率。

（3）生产与销售一体化有利于市场信息准确及时地反馈，使企业能迅速地了解市场供求和监控市场，而且实行一体化还能将搜集信息的总成本由各部分分摊，从而减少信息成本。

（4）通过纵向一体化，企业可以节约市场交易的销售、谈判和交易成本。尽管内部交易过程中也常常要进行某些讨价还价，但其成本决不会接近市场交易成本。这主要是因为内部交易不需要任何销售力量和市场营销或采购部门，也不需要支出广告促销费用。

2．稳定供求经济，规避价格波动

实行纵向一体化，可以使上游、下游企业之间不会随意终止供求关系，不管是产品供应紧张还是总需求很低的时期，都能保证充足的货源供应，从而减少市场供求的不确定性。而且由于实现了纵向一体化，上游、下游企业之间的交易虽然也必须反映市场价格，但这种内部转移价格实际上只是一种为了便于业务管理、成本核算的影子价格，企业可以主动调节，从而可以避免产品价格的大起大落。

3．提高差异能力，树立经营特色

由于企业规模扩大、成本降低和控制加强，进入壁垒提高了；由于强化了对关键零部件设计的控制，有可能更好地满足不同市场层面用户的特殊需求，从而增强对最终用户的控制；同时也有更多机会通过使用特殊原材料、零部件或技术等途径寻求区别于同行业竞争者的产品特色。

（二）纵向一体化的战略成本

1．弱化激励效应

纵向一体化意味着通过固定的关系来进行购买与销售，也就是说把原本的市场交易内部化到企业内部交易。上游企业的经营激励可能会因为是在内部销售而不是在市场上竞争而有所减弱，下游企业同样也会由于在从企业另一个单位购买产品，从而不会像从外部供应商购买时那样激烈的讨价还价。因此，纵向一体化可能减弱激励效应，从而降低企业运作的效率。我国企业界普遍存在的"大而全"效率往往低于"小而专"现象的原因就在此。为了纠正纵向一体化的这种弊端，很多企业实施了"企业内部市场化"的做法，收到了较好的效果。

2．加大管理难度

实行一体化战略以后，两个或多个不同的企业合并或联合在一起，企业的管理层次与管理幅度都大大加强，企业管理所需的生产、营销、服务等各项职能都更加复杂，尤其是不同企业文化的融合更是非一朝一夕所能解决的，这些因素都对企业管理者的管理素质和管理技巧提出了很高的要求。显而易见，管理难度要比一体化之前大得多。

3．加剧财务紧张

虽然企业实行纵向一体化战略以后，一些零部件和原材料由企业外购转变为企业自制，这些零部件和原材料的成本也比外购低，但自制所需的生产资金、储备资金和材料资金等都要比外购时多得多，如果企业的财务资源不够雄厚的话，就有可能加剧企业的财务紧张，严重的可导致整个一体化战略的失败。

4．降低经营灵活性

企业选择纵向一体化会导致产品设计方面的局限性，对厂房和原材料来源的巨额投资，常常阻碍新的产品设计或材料品种的完善。如果企业不实行纵向一体化战略，企业可以根据外界环境变化而削减原材料的采购量，或转向其他供应企业。而采用了纵向一体化战略的企业就缺乏这种机动性，同时经营方向的调整也更加困难，因而也就增大了经营风险。

5．难以平衡生产能力

纵向一体化企业内部的上游单位与下游单位的生产能力必须保持平衡，否则会出现问题。纵向链中任一有剩余生产能力的环节（或有剩余需求量的环节）必须在市场上销售一部分产品（或购买一部分投入），否则就将牺牲市场地位。然而，在企业纵向一体化条件下，这一步可能往往是很困难的，因为纵向一体化常常迫使企业从它的竞争者处购买原料或向它的竞争者销售产品。由于担心得不到优先，或者为了避免加强竞争者的地位，它们可能不情愿地与该企业做生意。

三、横向一体化的战略利益与战略成本

（一）横向一体化的战略利益

横向一体化的战略利益主要包括获取规模经济、减少竞争对手和扩张生产能力。

1．获取规模经济

横向一体化通过收购同类企业达到规模扩张，这在规模经济性明显的产业中，可以使企业获取充分的规模经济，从而大大降低成本，取得竞争优势。同时，通过收购往往可以获取被收购企业的技术专利、品牌等无形资产。

2．减少竞争对手

横向一体化是一种收购企业竞争对手的增长战略。通过实施横向一体化，可以减少竞争对手的数量，降低产业内企业间相互竞争的程度，为企业的进一步发展创造一个良好的产业环境。

3．扩张生产能力

横向一体化是企业生产能力扩张的一种形式，通过合并或联合，可以迅速提高企业的生产能力与规模。与企业自身的内部扩张相比较，这种扩张形式相对较为简单与迅速。

（二）横向一体化的战略成本

但是，横向一体化也具有一定的战略成本，其中主要包括管理协调问题和政府法规限制等方面。

1．管理协调问题

收购一家企业往往涉及收购后母子公司管理上的协调问题。由于母子公司在历史背景、人员组成、业务风格、企业文化、管理体制等方面存在着较大的差异，因此母子公司的各方面协调工作非常困难，这是横向一体化的一大成本。

2．政府法规限制

由于横向一体化容易造成产业内垄断的市场结构，因此，各国法律法规都对此做出了限制。

第六节　多元化战略

如果公司当前的产品线没有太大的增长潜力，那么公司的管理层可能会选择多元化战略进入新的领域。多元化可以通过开发许多方向（接下来的部分将讨论），和利用许多不同方法（将在下章介绍）来实现。图7-3概括了企业可以采用的多元化的方向和方法。

一、多元化战略的类型

多元化战略，是指在现有业务领域基础之上增加新的产品或业务的经营战略。根据现有业务领域和新业务领域之间的关联程度,可以把多元化分为相关多元化与不相关多元化两种类型。

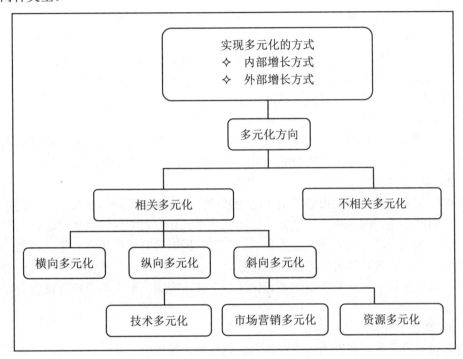

图 7-3　企业多元化的方向和方法

（一）相关多元化

相关多元化,是指虽然企业发展的业务具有新的特征,但它与企业的现有业务具有战略上的适应性,它们在技术、工艺、销售渠道、市场营销、产品等方面具有共同的或是相近的特点。根据现有业务与新业务之间"关联内容"的不同,相关多元化又可以分为以下几种类型。

1. 横向多元化

横向多元化,是指企业利用现有市场,采用不同的技术来发展新产品,增加产品种类,也称为水平多元化。横向多元化的特点是现有产品与新产品的基本用途不同,但存在较强的市场关联性,可以利用原来的分销渠道销售新产品。娃哈哈创办之后就定位于儿童市场,以后企业的发展也一直围绕这一目标市场。柳州某牙膏厂原来一直生产两面针药物牙膏,现在又增加牙刷生产,运用的也是横向多元化战略。

2. 纵向多元化

纵向多元化，是指虽然与现有的产品、市场领域有些关系，但是通过开发完全异质的产品、市场来使业务领域多元化，这种多元化包括以下三种类型。

（1）技术关系多元化

技术关系多元化，亦称同心多元化，它是以现有业务领域中的研究技术或生产技术为基础，以异质的市场为对象开发异质产品。例如，冰箱和空调就是用途不同但生产技术联系密切的两种产品（关键技术都是制冷技术），海尔、春兰等企业的发展就是这一战略的具体例子。这种多元化能够获得技术上的相乘效果，因而有利于大量生产，在产品质量、生产成本方面也有竞争力。而且，各种产品之间的用途越是不同，多元化的效果越明显。这种类型的多元化一般较适合于技术密集度较高的行业中的大型企业。

（2）市场营销关系多元化

这是以现有业务领域的市场营销活动为基础，打入完全不同的产品市场。例如，钢笔厂生产自动铅笔、圆珠笔、钢笔等。市场营销多元化利用共同的销售渠道、共同的顾客、共同的促销方法、共同的企业形象和知名度，因而具有销售相乘效果。但是，由于没有生产技术、设备和材料等方面的相乘效果，不易适应市场的变化，也不易应付全体产品同时老化的风险。这种类型的多元化适合于技术密集度不高，市场营销能力较强的企业。

（3）资源多元化

这是以现有业务所拥有的物质资源为基础，打入异质的产品市场领域，以求得资源的充分利用。

3. 斜向多元化

Poon（1993）提出相关多元化的另一种形式：斜向多元化。这种形式的多元化（常运用在服务行业），则是利用共同的信息技术平台，锁定一组消费者群体给他们提供一系列的相关产品。例如，银行利用他们的客户档案，针对目标客户提供保险、抵押贷款、以及一些旅游产品等服务。以同样的方式，英国Saga公司专门为55岁以上的目标群体开发旅游产品，现在着重为它的顾客提供一系列的金融服务。美国运通公司是另一个例子，也提供与旅游相关的金融服务。它在休闲旅游业的大部分服务是面向美国运通信用卡持有者。斜向多元化战略利益如下。

（1）使企业与顾客联系更紧密，通过不同产品共享费用来降低每一产品的成本；

（2）使企业获得范围经济效应；

（3）对企业来说，联合生产多项服务要比每个公司单独生产一项服务更能节约成本。

旅游企业斜向多元化如图7-4所示。

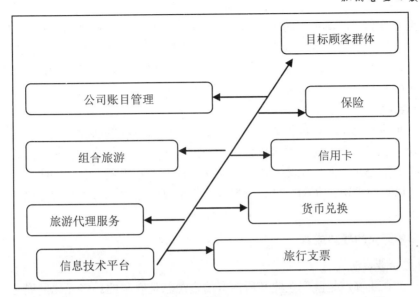

图 7-4　旅游企业的斜向多元化（Poon，1993）

（二）不相关多元化

不相关多元化，也称为集团多元化，即企业通过收购、兼并其他行业的业务，或者在其他行业投资，把业务领域拓展到其他行业中去。新产品、新业务与企业的现有业务、技术、市场毫无关系。也就是说，企业既不以原有技术也不以现有市场为依托，向技术和市场完全不同的产品或服务项目发展。这种战略是实力雄厚的大企业集团采用的一种经营战略。例如，美国通用电气公司 20 世纪 80 年代收购美国业主再保险公司和美国无线电公司，从而从单纯的工业生产行业进入金融服务业和电视广播行业。我国很多企业现在也开始运用不相关多元化战略。比如，海尔集团除生产电视、冰箱、空调等家电产品之外，还涉足软件开发、医药生产等业务领域。

二、多元化的战略利益与战略成本

（一）多元化的战略利益

1. 实现范围经济

范围经济是指由于企业经营范围的扩大而带来的经济性。通俗地说，联合生产的成本小于单独生产成本之和。范围经济的存在，本质上在于企业多项业务可以共享企业的资源。由于特定投入都有一定的最小规模（不可分性），而这种投入对生产一种产品时可能未能得到充分利用,在生产两种或两种以上的产品时,就能够使这种投入的成本在不同的产品中分摊,于是使单位成本降低,产生范围经济。范围经济的存在原理与规模经济有相似之处,但本质不同,规模经济在于产品产量的增加,而范围经济则来自于生产多种产品或业务,简而言之,来自于经营范围的扩大。

2. 分散经营风险

如果企业的多元化战略是相关多元化,那么企业对进入的新业务较为熟悉,在技术开发、筹划、生产等方面的联系可以减少企业的成本,从而使企业在扩展过程中的风险得到降低;如果企业的多元化是不相关多元化,那么企业不同业务之间收益的盈亏在一定程度上可以相互平衡,从而分散经营风险。人们常常用"东方不亮西方亮"来形象地比喻这一作用。

(二)多元化的战略成本

1. 分散企业资源

任何一个企业哪怕是巨型企业其所拥有的资源总是有限的。多元化发展必定导致企业将有限的资源分散于每一个发展的业务领域,从而使每个意欲发展的领域都难以得到充足的资源支持,有时甚至无法维持在某一领域中的最低投资规模要求和最低维持要求,结果与在相应的专业化经营的对手竞争中失去优势。从这个意义上说,多元化战略不仅没有能规避风险,不仅没能"东方不亮西方亮",而且很可能"东方不亮西方也不亮",加大企业失败的风险。

2. 加大管理难度

企业在进行多元化经营时,不可避免地要面对多种多样的产品和各种各样的市场,这些产品在生产工艺、技术开发、营销手段上可能不尽相同,这些市场在开发、渗透、进入等方面也都可能有明显的区别。企业的管理、营销、生产人员必须重新熟悉新的业务领域和新的业务知识。另外,由于企业采用多元化经营,企业规模逐渐扩大,机构逐渐增多,企业内部原有的分工、协作、职责、利益平衡机制可能会被打破,管理、协调的难度大大增加,在资源重新配置和保证企业竞争优势方面会遇到较大的挑战。

3. 提高运作费用

企业从专业化经营转向多元化经营,涉及进入众多陌生的业务领域,必将使企业的多元化经营运作费用上升。这表现在以下两个方面。

(1)多元化发展的学习费用较高。企业从一个熟悉的业务领域到另一个陌生的业务领域,从新成立一个企业到企业产出效益,这需要一个学习过程。这个过程中由于不熟悉而导致的效率,由陌生到熟悉的机会损失都构成较高的学习费用。

(2)顾客认识企业新领域的成本加大。当企业新的领域有了产出品时需要消费者认识，虽然此时可借用原有领域的品牌，但要在新领域中改变消费者原来的认识态度，不进行大投入以引导顾客是不行的，这反过来又使已分散的资源更加难以应付。

4．加剧人才缺口

企业的竞争归根结底是人才的竞争，企业成功归根结底是依赖于优秀的人才。然而，每个人都只有自己的专长，专业对口是人才发挥作用的基础。所以，企业在进行多元化发展时，必须有多元化领域内相应的经营管理和技术等方面专业人才的支撑，多元化发展才能成功。反之，则可能失败。理论上说，社会上存在企业发展多元化所需的人才，问题是这些人才原先已在其他企业之中。引进人才固然可以，但费用也很高，往往超出企业的承受能力，从而加剧企业的人才短缺状况。

三、多元化战略应注意的问题

1．客观评估企业多元化经营的必要性与能力

从上面的论述可以看出，多元化经营是一把"双刃剑"，既可以给企业带来巨大的收益，也可能加剧企业的经营风险。企业在采用多元化之前，必须客观评估企业多元化经营的必要性，切不可头脑发热，跟潮流，盲目进行多元化。尤其是对自身能力的评估，除要考虑企业现有的资源存量之外，还必须考虑企业把新业务领域培育成利润增长点期间所需要的资源数量是否具备。当企业不具备这些资源时，其他业务领域的预期收益再好也只能让别人去做。

2．坚持把主业做好之后再考虑多元化

稳定而具有相当优势的主营业务，是企业利润的主要来源和企业生存的基础。企业应该通过保持和扩大企业自己所熟悉与擅长的主营业务，尽力扩展市场占有率以求规模经济效益最大化，要把增强企业的核心竞争力作为第一目标。在此基础之上，兼顾"专业化"与"多元化"。世界上优秀的企业，在业务领域的选择上，都是首先确立了自己的核心业务（即主营业务）之后，并以此为基础，考虑多元化经营的。

3．新业务领域与现有业务领域之间应具有一定的战略关联

在多元化战略实施中，能够建立有效的战略关联，是决定多元化成败的核心因素之一。一般来说，企业应该首先选择那些与其主营业务和已经建立的核心能力关联密切，容易获得关联优势的业务领域作为多元化的主要进入目标。根本原因在于，与关联程度低的领域相比，进入高关联度的领域更容易依托在主营业务领域建立起来的优势地位和核心能力，以较低的成本和风险建立优势地位。

4．建立横向组织，协调不同业务单元的关系

在多元化企业中，不同的业务单元往往以本部门的利益作为决策的出发点。由于部

门利益与企业整体利益之间存在着一些不可避免的矛盾，以及部门利益之间的"外部性"或"搭便车"问题，多元化企业往往会遇到一系列难以克服的组织障碍，如管理协调难度加大、激励效应的弱化、集权与分权的矛盾等。所以，实施多元化的企业应建立横向组织，以加强企业纵向组织结构中不同业务单元的相互联系，使纵向和横向因素之间达到一种平衡。

 本章案例

春秋集团：打造中国游客赴日游产品链①

中国春秋集团与日本阳光不动产公司（Sun Frontier）共同运营的"春秋阳光名古屋常滑酒店"2016年4月25日在日本爱知县常滑市全面开业。

春秋集团早在2015年就宣布开始多种经营，表示将联手东京阳光不动产株式会社（以下简称"阳光不动产"）在日本推出"春秋阳光酒店"品牌。此次开业的春秋阳光名古屋常滑酒店正是春秋在全球的第一家自主合作品牌酒店。

该酒店将发挥靠近中部机场的优势，希望吸引中国游客入住。从其他运营者手中被转手后，该酒店早已在今年2月开业，之后又增设电梯，并对外墙进行了涂饰。酒店配备了3名会中文的工作人员，共有194间客房，最多可供446人入住。

春秋集团将负责游客的接送和住宿安排。春秋与阳光不动产公司表示将在今后5年间共同投资约200亿日元（约合人民币11.7亿元），在日本主要旅游城市开15～20家系列酒店，将客房数增至2 000间，约相当于目前的10倍。据悉，春秋还考虑在东京和大阪开展酒店业务。

春秋集团董事长王正华在开业典礼上表示，愿为日本中部地区旅游等方面的发展做贡献。春秋集团副董事长张秀智表示，春秋第一家酒店开业，标志着春秋旅游产业链有了新的发展，旅游+航空+酒店的新组合，为春秋品牌提供了更丰富更有竞争力的产品组合，不仅受惠于团队出游，"机票+酒店"将成为春秋旅游、春秋航空今后最有吸引力的出行产品，春秋集团也由此开启了酒店投资和经营的新领域。

春秋集团在2016年3月28日曾经表示，将与日本财马科斯集团合作，双方共同打造的春秋唐草关西机场酒店今年年底即将在大阪关西机场附近亮相。

---

① 品橙旅游·春秋集团：在日本第一家品牌酒店正式开业[EB/OL]. http://www.pinchain.com/article/73029.

春秋集团频频在日本布局，也是看好中国赴日旅游的热潮，2016年赴日旅游人数突破早先设定的"2020年前吸引2 000万外国观光客"的目标已无悬念。

除了积极布局酒店行业外，春秋还加大了飞往日本的航班数量。春秋航空去年6月开通了中部机场至上海等地的航线。春秋将中部机场视作继关西机场之后日本第二个基地。春秋集团在日本的布局才刚刚拉开序幕。

案例讨论题

1．你认为春秋集团进入酒店业，是属于哪种类型的多元化？其收益与风险如何？
2．春秋集团在实施多元化战略时，应该注意什么问题？

本章思考题

1．从企业发展的角度看，为什么大多数企业都倾向于采取增长型战略？
2．简述增长型战略的适用条件及利弊。
3．旅游企业在什么情况下可以考虑采用市场渗透战略、市场开发战略或产品开发战略？
4．简述稳定型战略的概念及类型。
5．简述稳定型战略的适用条件。
6．采取稳定型战略有哪些利弊？
7．简述紧缩型战略的概念及类型。
8．紧缩型战略的适用条件是什么？
9．稳定型战略有哪些利弊？
10．试述影响企业选择发展战略的因素。
11．试分别讨论我国一些旅游企业中存在的发展战略选择误区的原因并举例说明。
12．简述纵向一体化的概念及其类型。
13．企业实施纵向一体化战略的战略利益及战略成本有哪些？
14．简述横向一体化的概念及其类型。
15．企业实施横向一体化战略的战略利益及战略成本有哪些？
16．简述企业多元化战略的概念及类型。
17．简述斜向多元化战略的概念及战略利益。
18．企业实施多元化战略的战略利益及战略成本有哪些？

第八章　旅游企业的战略方法

通过第七章的学习，我们已经知道企业可选择的发展战略中有一个重要的战略就是增长型战略，并且也了解了企业增长型战略的两种基本类型——一体化战略和多元化战略。那么，企业面临的下一步的战略问题就是如何实现一体化或多元化来达到增长的最终目的，即战略方法问题。选择哪一种战略方法对企业战略的成功与否起着决定性作用。

通过本章的学习，读者能够做到：
- 定义并区别旅游企业的内部增长与外部增长方法；
- 掌握内部增长方法的优、劣势及适合条件；
- 描述企业并购的含义及不同类型；
- 了解企业并购的动因及并购后需要整合的内容及并购时应注意的问题；
- 了解战略联盟的概念及特点；
- 掌握旅游企业组建战略联盟的动因及组建时应注意的问题；
- 定义企业重组的概念并了解企业重组的原因及方法。

第一节　旅游企业可选择的战略方法

在实践中，旅游企业的一体化或多元化等增长战略都可以通过内部增长的方式，如投资于新产品开发；或通过并购、战略联盟等外部增长的方式来实现。

在选择战略方法时，旅游企业将面临以下基本选择。

（1）利用企业内部现有的可用资源，实现内部增长；

（2）兼并或收购其他公司；或通过一些合作协议，与其他企业合作发展来实现外部增长。

显然，在不同的环境下，许多旅游企业会采用不同的方法。例如，同一个公司可能在一个市场上选择内部增长的方式，而在另一个市场上则选择收购其他公司的方式，同时在第三个市场上可能会选择与其他公司合作的方式等。这要视旅游企业所在的不同的市场特点而定。

一、内部增长方式

内部增长，有时又叫组织（Organic）增长，即通过用企业以往年份的利润、贷款和股本在现有企业中的再投资实现的扩张。

大多数公司在一定时期内都将内部增长作为它们增长的最主要方法。内部增长的最重要特点是把公司以往几年的利润连同股东和银行提供的资金再投入到现有企业中。因为投入增加了容量（Capacity，如提供了更多可供销售的度假产品），所以组织需要雇佣更多的员工以便满足增加了的需求。如此下去，也就会提高企业的销售收入和资本价值，企业也就实现了增长的目的。

在公司发展的最初阶段，由于需要建立新市场和开发新产品，所以选择内部增长的方法是比较常见的。然而，也有一些大公司在除了采用外部增长方式（为了巩固市场地位）之外，常常采用这一内部增长方式。航运公司购买一艘游船就是一个内部增长的例子。早些年的留存收益，连同银行或股东提供的额外资金（有可能的话）都投入到发展中去，这会使组织从增加了的市场份额和销售收入中受益。

与其他发展方式相比，内部增长有以下潜在优势。

（1）它是一个低风险选择。因为容量的增长完全在现有管理的控制之下，所以避免了与其他组织交易的风险。

（2）企业现有的核心竞争力与专业技术能够得以开发和利用。

（3）可以避免并购时由于企业的组织文化不同而产生的问题。

（4）对现金流的影响程度要比并购时小，也比选择不同合作发展方法时小。

另一方面，内部增长也存在一些潜在的劣势包括以下两方面。

（1）相对于外部增长的方式，它是一个比较慢的企业增长方法；

（2）仅仅依靠企业本身的能力和资源可能会导致企业某些方面能力和资源的短缺，而这可能意味着丧失重要的机会。

许多大公司都是采用了这一方法达到了目前的规模，但是很少有企业是单独使用这一方法的。20世纪90年代末，英国航空公司在开发其附属的低成本航空公司（Go airlines）时，选择了内部增长的方法，而不是选择收购现有的 Ryanair、EasyJet 等低成本航空公司，或者选择与现有的其他航空公司合作开发的方法。同样，万豪酒店集团也是选择了从内部增长的方法开发了它的"庭院"（Courtyard）产品（Crawford-Welch，1994）。

旅游企业在以下情况下，可以考虑采用内部增长方式：① 没有合适的合作伙伴；② 由于成本、有效目标的不可达性或规则限制等原因，兼并或收购难以实现；③ 企业

原来的董事想维持控制；④ 增长所需要的资源和能力可在企业内部获得。

二、外部增长方式

随着信息、网络技术的发展、企业经营环境变化速度的加快以及企业竞争的加剧等，"快鱼吃慢鱼"成为市场竞争的规则之一。速度成为影响企业市场竞争力的关键因素之一。传统的依靠自有资金积累来扩大规模的内部增长方法越来越难以满足企业发展的需要。因此，通过收购和兼并等资本运作以及战略联盟等成为旅游企业快速发展的主要实现途径之一。

企业并购自19世纪末在西方兴起，一个多世纪以来，西方企业的并购事件层出不穷。并购战略对优化资源配置、调整产业结构、有效利用规模经济效益、实现生产与资本的迅速扩张等起着重要作用，日益成为企业实现其增长战略的一个重要途径。

此外，随着企业实践的深入，越来越多的企业开始采取一种新的发展途径——战略联盟来实现企业开拓新市场、实现其发展战略目标的有效途径之一。战略联盟的本质是一种组织制度创新。

随着我国经济的快速增长以及对外开放步伐的加快，并购与战略联盟越来越多地被国内企业用来作为外部增长的战略方法，成为企业实现其发展目标、增强竞争力的主要途径之一。

第二节　企业并购——兼并和收购

企业并购，是指一个企业通过购买另一个企业全部或部分的资产或产权，从而控制、影响被并购的企业，以增强企业竞争优势、实现企业经营目标的行为，并购具体包括兼并和收购。

兼并，是指两个规模差不多的公司结合在一起，两个公司所有的股东一起变成新公司的股东，合并后的主体一般是一个新的公司。

收购，是指一个公司购买或获得另一个公司产权的不平等"婚约"。在这种交易中，除非收购过程中收购公司是以换股票的方式来收购的，不然，被收购公司的股东不再是扩大了的公司的主人。通常是大公司购买较小的公司。

一、企业并购的类型

企业并购有不同的分类方法，下面分别从并购双方所处行业、并购方式、被并购的意愿、并购支付方式进行分类。

1. 从行业角度划分

根据并购双方所处的行业情况，企业并购可以分为横向并购、纵向并购和混合并购。

（1）横向并购。是指处于相同行业，生产同类产品或生产工艺相近的企业之间的并购。这种并购实质上是资本在同一产业和部门内集中，可以迅速扩大生产规模，提高市场份额，增强企业的竞争能力和盈利能力。

（2）纵向并购。是指生产或经营过程相互衔接、紧密联系的企业之间的并购。其实质是通过处于生产同一产品不同阶段企业之间的并购，从而实现纵向一体化。纵向并购除了可以扩大生产规模、节约共同费用外，还可以促进生产过程各个环节的密切配合，加速生产流程，缩短生产周期，节省运输、仓储资源。

（3）混合并购。是指处于不同行业、不同市场，且这些行业之间没有特别的生产技术联系的企业之间的并购。混合并购可以降低一个企业长期处于一个行业所带来的风险，另外通过这种方式可以使企业的技术、原材料等各种资源得到充分的利用。

2. 从是否通过中介机构划分

根据并购是否通过中介机构进行，企业并购可以分为直接并购和间接并购。

（1）直接并购。是指收购公司直接向目标公司提出并购要求，双方经过磋商，达成协议，从而完成收购活动。如果收购公司对目标公司的部分所有权提出要求，目标公司可能会允许收购公司取得目标公司新发行的股票；如果是全部产权要求，双方可以通过协商，确定所有权的转移方式。由于在直接收购条件下，双方可以密切配合，因此相对成本较低，成功的可能性较大。

（2）间接并购。是指收购公司直接在证券市场上收购目标公司的股票，从而控制目标公司。由于间接收购方式很容易引起股价的剧烈上涨，同时可能会引起目标公司的激烈反应，因此会提高收购的成本，增加收购的难度。

3. 从目标公司的意愿划分

根据被收购公司的意愿，企业并购可以分为善意并购与恶意并购。

（1）善意并购。收购公司提出收购条件后，如果目标公司接受收购条件，这种并购就称为善意并购。在善意并购下，收购条件、价格、方式等可以由双方高层管理者协商进行并经董事会批准。由于双方都有合并的愿望，因此这种方式成功率较高。

（2）恶意并购。如果收购公司提出收购要求和条件后，目标公司不同意，收购公司只能在证券市场上强行收购，这种方式就称为恶意收购。在恶意收购中，目标公司通常会采用各种措施对收购行为进行抵制，证券市场也会迅速对此做出反应，股价迅速提高。因此，在恶意收购中，除非收购公司有雄厚的实力，否则很难成功。

4．按支付方式划分

根据并购过程支付方式的不同，企业并购可以分为现金并购、股票并购、综合证券并购。

（1）现金并购。是指收购公司通过向目标公司的股东支付一定数量的现金而获得目标公司的所有权。现金收购在西方国家存在资本所得税的问题，这可能会增加收购公司的成本，因此在采用这一方式时，必须考虑这项收购是否免税。另外现金收购会对收购公司的资产流动性、资产结构、负债等产生影响，所以应该进行综合权衡。

（2）股票并购。是指收购公司通过增发股票的方式获取目标公司的所有权。在这种方式下，公司不需要对外支付现金，因此不至于对财务状况产生很大影响，但是增发股票，会影响公司的股权结构，原有股东的控制权会受到冲击。

（3）综合证券并购。是指在收购过程中，收购公司支付的不仅仅有现金、股票，而且还有认股权证、可转换债券等多种形式的混合。这种方式兼具现金收购和股票收购的优点，收购公司既可以避免支付过多的现金，保持良好的财务状况，又可以防止控制权的转移。

二、企业并购的动机

如下是有关企业并购动因的简单总结。

1．实现协同效应

在并购的各种动因中，协同效应是最主要的动因。协同效应是指公司合并后所获得的利益大于单独经营时所获得的利益。或者可以说，当合并后的整体带来的利益大于原来各个部分总和时，并购取得了协同效应，表述为 1＋1＞2。如果通过并购想要取得协同效应，"新"的公司必须要比两个公司单独运营时更具效率。并购后，两个企业的协同效应主要体现在以下几个方面。

（1）生产协同。企业并购后的生产协同主要通过工厂规模经济效益取得。并购后，企业可以对原企业之间的资产及规模进行调整，使其实现最佳的规模，降低生产成本；原有企业间相同的产品可以由专门的生产部门进行生产，从而提高生产和设备的专业化，提高生产效率；并购后，可以加强生产的协作，使生产得以流畅进行，还可以降低中间环节的运输、储存成本。

（2）经营协同。经营协同一般是通过企业的规模经济来实现。企业并购后，管理机构和人员可以进行精简，使管理费用由更多的产品进行分担，从而节省管理费用；原来企业的营销网络、营销活动可进行合并，节约营销费用；研究与开发费用可以由更多的产品进行分担，从而可以迅速采用新技术，推出新产品。并购后，由于企业规模的扩大，还可以增强企业抵御风险的能力。

（3）财务协同。并购后的企业可以对资金统一调度，增强企业资金的利用效果，由于规模和实力的扩大，企业筹资能力可以大大增强，满足发展过程中对资金的需求。另外，并购后的企业由于在会计上的统一处理，可以在企业中互相弥补产生的亏损，从而达到避税的效果。

（4）人才、技术协同。并购后原有企业的人才、技术可以共享，充分发挥人才、技术的作用，增强企业的竞争能力。尤其是一些专有技术，企业通过其他方法很难获得；通过并购，获取对该企业的控制，就能够获得该项技术或专利，促进企业的发展。

2．推动企业的快速发展

在激烈的市场竞争环境中，企业只有不断地发展才能生存。通常情况下企业既可以通过内部增长方式得到发展，也可以通过并购等外部增长方式得到发展。两者相比，并购方式效率更高，这主要表现在以下几个方面。

（1）并购可以缩短企业扩张时间。如果企业采取内部增长的方式，将会受到项目建设周期、资源获取及配置等方面的限制，进而制约企业的发展速度。而通过并购的方式，企业则可以在极短的时间内，迅速将规模扩大，提高竞争能力。

（2）并购可以降低市场进入壁垒。企业进入一个新的行业会遇到各种各样的壁垒，包括资金、技术、渠道、顾客、经验等。这些壁垒不但增加了企业进入这一行业的难度，而且提高了进入的成本和风险。如果企业采用并购的方式，先控制该行业原有的一个企业，则可以绕开这一系列的壁垒，使企业以较低的成本和风险迅速进入这一行业。

（3）并购可以促进企业的跨国发展。目前，竞争全球化的格局已基本形成，跨国发展已成为企业经营的一个新趋势。企业进入国外的新市场，面临着比进入国内新市场更多的困难，如管理方式、经营环境、政府法规等都与国内市场有着很大的不同。采用并购当地已有企业的方式进入，不仅可以加快进入速度，而且可以利用原有企业的运作系统、经营条件、管理资源等，使企业在今后阶段顺利发展。另外，由于被并购企业与进入国的经济紧密融为一体，不会对该国经济产生太大的冲击，因此，政府的限制相对较少。这些都有助于跨国发展的成功。

3．加强对市场的控制能力

在横向并购中，通过并购可以获取竞争对手的市场份额，迅速提高企业的市场占有率，增强企业在市场上的竞争能力。另外，由于减少了一个竞争对手，尤其是在市场上竞争者不多的情况下，可增加企业的垄断能力，增强对供应商和顾客讨价还价的能力。因此，企业可以以更低的价格获取原材料，以更高的价格向市场出售产品，从而扩大企

业的盈利水平。

4. 获取价值被低估的公司

在证券市场中,从理论上讲公司股票市价的总额应该等于公司的实际价值,但是由于环境的影响、信息不对称和未来不确定性等方面的影响,上市公司的价值经常被低估。如果一个企业认为自己能够比原来的经营者做得更好,那么该企业可能收购这家公司,通过对其经营获取更多的收益,该企业也可能将目标公司收购后包装重新出售,从而在短期内获取巨额收益。

5. 避税

各国公司法中一般都有规定,一个企业的亏损可以用今后年度的利润进行抵补,抵补后再缴纳所得税。因此,如果一个企业历史上存在着未抵补完的亏损,而收购企业每年产生大量的利润,则收购企业可以低价获取这一公司的控制权,利用其亏损进行避税。

三、企业并购后的整合

企业并购的目的是通过对目标企业的运营谋求企业的发展,实现企业的经营目标,因此,通过一系列并购程序取得了目标企业的控制权,只是完成了并购目标的一半。在收购完成后,必须对目标企业进行整合,使其与企业的整体战略、经营协调一致,互相配合。需要整合的具体包括以下几项。

1. 战略整合

如果被收购公司即目标公司的战略不能与收购公司的战略相互融合,那么并购很难发挥协同效应。只有并购后对目标公司的战略进行整合,使其发展符合整个企业的发展战略,才能使收购方与目标公司互相配合,使目标公司发挥比以前更大的效应,促进整个企业的发展。因此,在并购以后,必须根据整个企业的战略,规划目标公司在整个战略实现过程中的地位与作用,然后对目标公司的战略进行调整,使整个企业中的各业务单位之间形成一个相互关联、互相配合的战略体系。

2. 业务整合

在对目标公司进行战略整合的基础上继续对其业务进行整合,根据其在整个体系中的作用及其与其他部分的相互关系,重新设置其经营业务,将一些与本业务单元战略不符的业务剥离给其他业务单元或者合并掉。通过整个运作体系的分工配合以提高协作、发挥规模效应和协作优势。相应地,对其资产也应重新进行配置,以适应业务整合后生产经营的需要。

3. 制度整合

管理制度对企业的经营与发展有着重要的影响。因此,并购后必须重视对目标公司的制度进行整合。如果目标公司原有的管理制度良好，收购方则不必加以改变，可以直接利用目标公司原有的管理制度，甚至可以将目标公司的管理制度引进到收购企业之中，对收购企业的制度进行改进。假设目标企业的管理制度与收购方的要求不相符，则收购方可以将自身一些优良的管理制度引入到目标公司之中，如存货控制、生产进程、销售分析等。通过这种制度输出，对目标公司原有的资源进行整合，使其发挥出更好的效益。尤其是收购后买方拟将目标公司纳入自己的整体，为了沟通和整体性管理的需要，买方应逐步地将规划与控制制度纳入到目标公司之中。

4. 组织人事整合

在收购后，目标公司的组织和人事应根据对其战略、业务和制度的重新设置进行整合。根据并购后对目标公司职能的要求，设置相应的部门，安排适宜的人员。一般在收购以后，目标公司和收购方在财务、法律、研发等专业部门和人员方面可以进行合并，从而发挥规模优势，降低这方面的费用。如果并购后，双方的营销网络可以共享，则营销部门和人员也应相应地合并。总之，通过组织和人事的整合，可以使目标公司高效运作，发挥协同效应，使整个企业运作系统互相配合，实现资源共享，发挥规模优势，降低成本费用，提高企业的效益。

5. 文化整合

企业文化是企业经营中最基本、最核心的部分。企业文化影响着企业运作的一切方面。并购后，只有买方与目标公司文化上达到融合，才意味着双方真正地实现了融合。因此，对目标公司文化的整合，对于并购后整个企业能否真正协调运作有着关键的影响。在对目标公司文化的整合过程中，应深入分析目标公司文化形成的历史背景，判断其优缺点，分析其与买方文化融合的可能性，在此基础上，吸收双方文化的优点，摒弃其缺点，从而形成一种优秀的、有利于企业战略实现的企业文化，并很好地在目标公司推行，使双方真正地实现融合。

四、企业并购应注意的问题

并购对企业发展具有重大意义，但是并非所有的并购都能得到令人满意的结果。在美国完成的收购案中，有 30%~50%是失败的，在欧洲发生的收购案中也有近一半是败笔。为保证并购的成功，应注意以下几个问题。

1. 在企业战略指导下选择目标公司

在并购一个企业之前，必须明确本企业的发展战略，在此基础之上对目标公司所从事的业务、资源情况进行审查。如果对其收购后，目标公司能够很好地与本企业的战略相配合，增强本企业的实力，提高整个系统的运作效率，最终增强竞争优势，这样才可

以考虑对其进行收购。反之，如果目标公司与本企业的发展战略不能很好吻合，即使目标公司十分便宜，也应慎重行事。因为对其收购后，不但不会通过企业之间的协作、资源的共享获得竞争优势，反而会分散收购方的力量，降低其竞争能力，最终导致并购失败。

2．并购前应对目标公司进行详细审查

许多并购的失败是由于事先没有能够很好地对目标公司进行详细审查造成的。在并购过程中，由于信息不对称，收购企业方很难对目标公司有着充分的了解。许多收购方在事前都想当然地以为自己已经十分了解目标公司，但是，许多企业在收购程序结束后，才发现事实并不像当初想象中的那样。目标公司可能存在着没有注意到的重大问题，以前所设想的机会根本不存在，或者双方的企业文化、管理制度、管理风格很难融合，因此很难将目标公司融合到整个企业运作体系中，从而导致并购的失败。

3．合理估计自身的实力

在并购过程中，收购方的实力对于并购能否成功有很大影响。因为在并购中收购方通常要向外支付大量现金，这必须以企业的实力和良好的现金流量作为支撑，否则企业便要大规模举债，造成自身财务状况的恶化，企业很容易因为沉重的利息负担或者到期不能归还本金而导致破产。

4．并购后对目标公司进行迅速有效的整合

目标公司被收购后，很容易形成经营混乱的局面，尤其是在恶意收购的情况下，许多管理人员纷纷离去，客户流失，生产混乱，因此需要对目标公司进行迅速有效的整合。通过向目标公司派驻高级管理人员，稳定目标公司的经营，然后对各个方面进行整合。其中企业文化整合尤其应受到重视，因为许多研究发现，很多并购的失败都是由于双方企业文化不能很好融合所造成的。通过对目标公司的整合，可以使其经营重新步入正轨并与整个企业运作系统的各个部分有效配合。

第三节 战略联盟

在经济全球化和信息化的背景下，企业孤立经营的传统格局正在被打破，通过并购来获得迅速的发展也存在很多问题，如由于信息不对称导致并购失误，并购后整合十分困难、失败率很高等。而战略联盟的出现使传统的竞争方式发生了根本的变化，企业为了自身的生存和发展，需要与竞争对手进行合作。战略联盟作为一种全新的现代组织形式，已被众多当代企业家视为企业发展全球战略最迅速、最经济的方法。同时也是企业实现增长战略的有效途径之一。

第八章 旅游企业的战略方法

一、战略联盟的概念与特点

(一) 战略联盟的概念

战略联盟是指两个或两个以上的企业为了达到一定的目的而通过一定的方式组成的网络式的联合体。在其中,为了获得一个或更多共同的战略目标,没有组成相互独立的组织,而是采取了两个或更多的组织相互合作的方式。

就像许多行业,如制药行业、汽车制造业和化工业都存在战略联盟一样,国际旅游业也已存在许多战略联盟,联盟已经成为正在发展的国际旅游业结构的主要特征。航空公司和住宿企业之间的联盟正在持续增长。很显然,在旅游行业(虽然一些统计数据表明成功的很少)各种形式的合作方式越来越成为重要的战略发展方法。

(二) 战略联盟的特点

战略联盟是现代企业组织制度的一种创新。随着经济的发展,企业作为组织社会资源的最基本单位,其边界越来越模糊。目前,网络式组织已成为企业组织发展的一种趋势,战略联盟具备了网络组织的以下特点。

1. 边界模糊

战略联盟这一组织形式并不像传统企业那样具有明确的层级和边界,企业之间以一定契约或资产联结起来对资源进行优化配置。战略联盟一般是由具有共同利益关系的单位之间组成的战略共同体,它们可能是供应商、生产商、分销商之间形成的联盟,甚至可能是竞争者之间形成的联盟,从而产生一种你中有我、我中有你的局面。

2. 关系松散

由于战略联盟主要是由契约形式联结起来的,因此合作各方之间的关系十分松散。另外,战略联盟不是纯粹由市场机制进行协调,而是兼具了市场机制与行政管理的特点,合作各方主要通过协商的方式解决各种问题。在时间上,战略联盟存在期限一般较短,在联盟形成之时,一般有存续时间的协议,或者规定一个固定的时期,或者规定在一定任务完成之后解散。

3. 机动灵活

由于战略联盟主要是以契约的方式所组成的。因此,相比通过外部的并购或内部投资新建来扩展所需时间更短,组建过程相对也十分简单。这样,如果外部出现发展机会,战略联盟可以迅速组成并发挥作用。另外,由于合作者之间关系十分松散,战略联盟存续时间又较短,解散十分方便,因此当外界条件发生变化,战略联盟不能适应变化的环境时,可迅速将其解散。

4. 运作高效

由于战略联盟在组建时，合作各方都是以自己最核心的资源加入联盟中来，联盟各个方面的资源都是一流的。在目前分工日益深化的情况下，战略联盟的实力是单个企业很难达到的，在这种条件下，联盟可以高效运作，完成一些单个企业很难完成的任务。

二、战略联盟的组建动因

1. 增强自身实力

随着经济社会的发展，企业之间的竞争越来越激烈。在这个激烈竞争的环境之中，企业要想获取持久的竞争优势，在市场上立于不败之地，必须善于利用各方面的力量，以提高竞争能力。企业通过与自己有共同利益的经营单位建立战略联盟，彼此之间可以通过加强合作而发挥整体优势（如通过组建战略联盟获得了规模经济或范围经济的效益，获得来自于其他公司的资产、技术、营销、资本、经营能力、产品或人员方面的利益等）。战略联盟理论与传统管理理论有着不同的做法，传统上，企业都是与竞争对手处于势不两立的对立面，双方都是想采取一切可能的手段将竞争对手挤出市场；而在战略联盟中，竞争对手之间可能通过彼此合作，加强各自实力，共同对付别的竞争者或潜在竞争者。

2. 扩大市场份额

有的企业之间通过建立战略联盟来扩大市场份额，双方可以利用彼此的网络进入新的地区市场，加强产品的销售，或者共同举行促销活动来扩大影响。例如，我国的小天鹅洗衣机与碧浪洗衣粉，双方因为产品互相关联的特点共同进行促销活动。

3. 迅速获取新技术

目前，技术创新和推广的速度越来越快，一个企业如果不能紧跟技术前进的步伐，就很可能被市场所淘汰，即使是大的企业也存在着这一方面的压力。而技术创新需要企业有很强的能力和充分的信息，否则很难跟上技术创新的步伐，这就要求具备各种专长的企业之间的配合，而战略联盟正好能够满足这一要求。

4. 进入国外市场

越来越多行业的全球化和区域化导致了很多大的企业正在谋求全球化发展。但是仅靠出口产品的方式占领国际市场存在着很大的局限性。现在许多企业都试图在国外生产、国外销售，这一方式也存在着很大问题，因为国外的经营环境与国内有很大差别，且由于存在各国政府法规的限制，这些对企业的发展有着极大的制约。通过与进入国企业建立战略联盟可以有效地解决这一问题。这些优点是在国外直接投资建厂、并购当地企业所不具备的。

5. 降低风险

现在企业所面临的市场竞争瞬息万变，因此企业经营存在着巨大风险。企业通过采取战略联盟的方式，在资本需求与研发费用方面，都可以通过共享来降低风险。例如，在科技投入方面，由于研究开发费用大，成功率低，即使开发成功，也很可能迅速被更先进的技术所取代，因此研发风险很大。而通过几个企业建立战略联盟共同开发，不仅可以提高成功的可能性，也可以使费用得到分摊，迅速回收，大大降低了这方面的风险。

三、组建战略联盟应注意的问题

战略联盟是一种新的组织模式，与并购相比具有反应迅速、机动灵活的优点。但也正是由于这些特点产生了许多不足，在具体操作中，应该注意一些重要问题。

1. 慎重选择合作伙伴

由于战略联盟中合作各方关系相对十分松散，合作各方能否真诚合作对于战略联盟的成败有决定影响。在组建联盟时必须选择真正有合作诚意的伙伴。合作各方核心专长是否能够互补是首先要考虑的因素。因为战略联盟的核心思想就是通过联盟这一方式发挥核心优势互补的效应，因此合作之前必须仔细权衡。另外，合伙人之间能否相容，合伙人在联盟中承担资源、精力和专有知识等义务的意愿等因素也都应该考虑到。

2. 建立合理的组织关系

战略联盟是一种网络式的组织结构，不同于传统企业层级式的模式，因此对其管理与传统组织中的管理有不同要求。在战略联盟设置之初，应该针对合作的具体情况，确定合理的组织关系，对合作各方的责、权、利进行明确界定，防止由于组织不合理影响其正常的运作。

3. 加强沟通

战略联盟合伙人由于相对独立，因此彼此之间组织结构、企业文化、管理风格有很大不同，尤其是对跨国界的战略联盟而言，这一方面表现得更为突出。这对双方的沟通、合作造成了一定的困难。但在战略联盟中，合作各方良好的沟通与协作对于联盟的成败有重要影响。许多战略联盟的失败都是由于各方缺乏沟通所致，因此，各方应有意识地加强沟通。

第四节 旅游企业常用的其他增长方法

一、特许经营

特许经营是旅游业有些部门最常用的扩张方式之一，主要的行业品牌如 Marriott、

Holiday Inn、麦当劳、汉堡王（Burger King）、肯德基、英国航空公司、汉莎航空公司和法国航空公司等，都已经使特许经营成为它们所采用的战略方法的重要组成部分。

特许经营涉及特许方（Franchiser）和受许方（Franchisee）。作为获得来自特许方的品牌、形象、营销和其他支持的回报，受许方通常承担大部分财务风险（如提供投资资金）并支付特许费用。特许经营方法在具体实施中会有所不同，它可以仅仅是简单的一种协议，即受许方从特许方那里获得经营一个企业（单元）或一个地区的特许协议。例如，许多麦当劳的受许方，就是经营一个企业，或者在不同地区经营很少数量的企业。而比较复杂的特许经营将会出现在当一个大公司从特许方处购买了主要特许权的时候，主要特许权将赋予公司在某一地区或国家独家使用特许经营名称的权利。

特许方愿意使用特许经营扩张方式的原因主要有：第一，很少提供资金；第二，不需要独自承受与某些国家法令和许可证有关的问题；第三，不需要从事大量的选址工作。

然而，在选择受许方方面，特许方必须仔细。特许方尤其需要详细审查受许方的组织结构和财务实力，并确保安全措施的落实，以便控制受许方的运营过程和标准。

二、管理合同

在酒店业，管理合同是一种很常见的用于国际发展的合作发展方式。利用这一方式使得实物资产（酒店）的所有权与管理权相分离。因此，管理合同实际上是酒店所有者和酒店经营公司之间达成的一项协议。通过这一协议，所有者雇佣经营者作为代理人承担酒店财产管理的全部责任。（Olsen et al., 1991）

作为代理人，经营者以所有者的名义用从经营中获得的现金流来支付全部的资产费用和经营费用。同时，它将保留（收取）管理费用，并把最后的盈余（如果有的话）交给财产所有者。另一方面，财产所有者通常为经营者提供酒店用土地、建筑物、家具设备及营运资金，同时承担酒店的全部法律和财务责任（Olsen et al., 1991）。许多著名的大型国际连锁酒店（如喜来登、Sofitel、Marriott、凯悦、Radisson、Nikko 和香格里拉等）已经成功地使用了这种扩张方式。

就经营公司而言，管理合同能使其运用较少的投资或不运用投资来实现迅速扩张的目的，并使其能相对容易地进行市场渗透。一般来说，经营公司不容易冒因财产价格下降带来的风险（同样也不能从财产价值升值中获利）。然而，在有些情况下，除了开发商之外，经营公司也会将它的一部分资金投入到项目当中。这时，经营公司在合同条文中就回报率问题也会与开发商达成协议。对经营公司而言，管理合同的劣势就在于它的无保障性。管理合同有时需要重新签订，此时，酒店的所有者及经营公司都需要重新审视双方的合作关系，评估其成功与否。实践中，在重新签订管理合同时，经营公司变更的情况也很普遍，例如，重新签订管理合同时，酒店的经营公司由原来的 Marriott 变成喜来登。

三、合作网络

在旅游业中已经开发了很多不同类型的合作性网络。例如，酒店行业，是以许许多多单独的或家族式企业的高度的分散经营为特征的。这些独立运营的企业正面临着越来越强的来自拥有品牌产品并具有市场经济和复杂系统优势的连锁酒店的竞争压力。

为了避免这些威胁，越来越多的独立经营的企业在保持它们独立性的同时，为了获得较强竞争对手营销、品牌和系统方面的优势，开始以网络或联营的形式与它们结合。作为所付费用的回报，独立的酒店能取得一系列利益。Knowles（1996）划分了四种基本的国际酒店联营模式。

（1）完全联营。不仅提供营销专门技能而且还协助企业的人力资源管理和采购管理，这种联营的一个例子就是"最佳西方"（Best Western）。

（2）营销联营。提供大量营销、促销的专门技能，这种联营模式的例子如"世界小豪华酒店"（Small Luxury Hotels of the World）。

（3）预定系统。提供一个基于免费拨叫电话和网址的中央预定系统。Utell 就是一个这样的例子。

（4）推荐联营。通常指连锁酒店而不是单个酒店，将品牌、忠诚度项目和预定系统与某一航空公司结成联盟，Marriott 与许多航空公司的联盟就是这种关系的一个例子。

第五节　重　　组

一、企业重组及其原因

我们不应该认为经营战略的制定总是为了促进企业的增长，有时候企业可能希望规模变小。同增长战略一样，规模的缩小可以通过内部组织的缩减（减少某一领域产品的生产）、撤资——收购的反面，或反兼并——兼并的反面来获得。

反兼并和撤资（二者一起被称为重组），是指把公司的一部分以单独公司的形式卖掉。这个单元可以卖给一个单一的买方（对买方来说，这将是收购行为），或者也可以以上市公司的形式投入到股票市场上。

旅游企业选择重组的原因有很多。其中，最主要的原因包括以下几个。

（1）这一战略业务单元（SBUs）的绩效不好（如利润低），可能源于负协同效应[①]。
（2）企业的战略重点发生了变化，新的战略已不再需要这一战略业务单元。
（3）这一战略业务单元的中期至长期的前景不被看好。
（4）这一战略业务单元是已收购的公司中企业不想要的部分。
（5）通过重组来筹集资本以便再投入到核心领域或增加公司资金的流动性。
（6）认为这一战略业务单元如果脱离母公司的话将会更有效。
（7）有些情况下，公司可以把重组作为一种抵制恶意收购的策略，尤其是当掠夺性企业因对这一单元感兴趣而想收购并控制本企业时，可以采取考虑重组战略把这一部分处置掉。
（8）作为"资产剥离"过程的一部分，把收购来的一个公司分解成若干部分，然后将这若干部分以高于收购时的价格卖掉。

二、企业重组的方法

企业重组的最常见的方法就是通过两个公司之间的"私下"交易，这会使双方均获利。卖方可以从交易中获得资金，并且将其集中到它的核心领域；买方可以获得现有的产品和市场，这些产品和市场将会（我们假定）提高其战略优势。

与并购相同，重组也会以类似的方式给股东带来协同效应。我们不应该忽略这样的事实：企业是股东所有的，公司董事会（作为股东的代言人）的职能是使股东财富最大化。如果这样的目标能通过企业重组来达到，那么企业也会考虑选择这一方案。

重组的其他方法还有股权分割和管理层收购。

1. 股权分割

在股权分割的重组方式下，卖方公司保留一定的股份。这种情况下的股权分割可以被看作是半重组——保留一部分股份，但是并不完全所有。

1998年，加拿大的 Thomson 公司决定筹建 Thomson 旅游集团就是类似的例子。这个案例中，Thomson 家族保留了新公司 20%的股权，其目的不是为了对公司进行战略上的控制，而是为了获得其股票收益。2000年，该集团由德国 Preussag AG（现在是 Tui）公司收购。

2. 管理层收购

当一个母公司希望其撤资的部分能卖给现有的管理层时，就可以说发生了管理层收

[①] 有时一个公司的某些业务对实现公司整体战略目标来说可能是不重要的，或者这些业务不适合于公司的其他业务发展，这时就会产生所谓的负协同效应，即 1+1<2。

购（Management Buy Out，MBO）的情况。当被转让的企业对母公司而言无用，而其现有的管理层还有可用的技能，还有有效运营的可能性时，MBO通常是一个对双方均有利的方案。

MBO的优势可能被归纳为如下几点。

（1）公司可以成功地重组其非核心业务，收到的资金可以再投资于其主营业务领域。

（2）重组下来的组织将受益于其忠诚的管理者（他们变成了企业的所有者）。当管理层发现为了收购他们已经负债累累时，他们的动机和使命感将会变得最大化。在一些MBO中，购买资金的一部分是由风险投资商提供的。

（3）如果MBO的一部分资金是由公司现有员工提供，那么公司将受益于这一群已拥有公司部分所有权的忠诚的员工。他们将通过每股收益和股价的上涨来分享公司的利润。

本章案例

海航系：掀起国内外收购并购潮[①]

经过品橙观察，近些年，海航海内外投资并购的脚步一直没有停歇过，近来，又掀起了国内外投资并购的并购潮。海航系正推动航空旅游行业迎接新大众旅游时代更快更好的发展。

2016年4月11日，海航旗下公司海航凯撒参与了航班管家的母公司深圳市活力天汇科技有限公司合计9.33亿元人民币C轮融资。几乎同时传出消息，海航提出以全部现金14亿瑞士法郎（约合94.11亿元人民币）收购瑞士佳美集团（Gategroup）。动辄上亿的投资在海航实为常见。但是品橙分析发现，海航并没有盲目地投资扩张，都是在主业基础上有步骤有战略地稳步投资。海航也表示海航集团所有并购行为都是服务于海航"现代服务业综合运营商"这一定位，基本都是围绕航空旅游、现代物流、现代金融服务这三大支柱产业。在擅长的领域，海航对自己的商业模式和产业整合能力有信心。

一、国内紧抓流量入口，以流量换收益

海航旗下海航凯撒通过投资布局实现了拥有"途牛+凯撒"两个流量入口，此次，增

[①] 品橙旅游. 海航系：掀起国内外收购并购潮让风云再起[EB/OL]. http://www.pinchain.com/article/71598.

资航班管家,是意在通过航班管家等布局新的流量入口。在这个移动端快速发展的时代,掌握了流量就掌握了未来发展的方向,也掌握了消费者。通过流量入口的布局,海航凯撒拥有了"途牛+凯撒"两个拳头旅游产品,同时也拥有了以"航班管家"为依托的放射型的全产业服务产品。

2014 年,航班管家开始场景电商方面的尝试,植入航班管家和高铁管家里面的商城业务被贯穿于用户的整个出行过程。目前,场景电商业务的日消费用户已经突破 10 万。2015 年,活力天汇又基于共享经济理念先后推出了伙力专车、伙力食、伙力五星级等全新产品线,为注重生活品质的这一类用户打造产品和服务。海航凯撒旅游集团投资部总经理吴永华表示:"航班管家之所以受到如此青睐,一方面得益于业务的飞速增长,把守飞机和高铁的"管家"已然成为出行领域的重要入口;另一方面,投资航班管家对于凯撒旅游乃至海航旅游集团开拓线上市场、提升移动端产品能力、实现旅游资源的重组再分配以及打造旅游服务闭环都具有战略意义。"

二、打造全球化旅游战略布局,深挖当地旅游资源

海航旗下凯撒同盛致力于打造全球化的战略布局,在汉堡、慕尼黑、法兰克福、巴黎、伦敦、洛杉矶等地拥有目的地旅游服务及管理公司,能够充分了解和挖掘当地旅游资源,为消费者提供一流的旅游目的地服务,同时,凯撒同盛拥有丰富的旅游要素资源,与众多航空公司、邮轮公司、国际酒店集团建立了合作关系,提高了公司对上游要素资源的掌控能力。

海航旗下天津天海投资发展股份有限公司已同意以 60 亿美元收购美国信息技术与供应链企业英迈国际(Ingram Micro),创下中国企业收购美国 IT 集团最高纪录。英迈国际有北美、欧洲、拉丁美洲和亚太地区 4 个战略区域,业务遍及 100 多个国家。2005 财年,英迈国际全球销售额达到 288 亿美元。目前,英迈已与全球 1 400 多家厂商建立了合作关系,并为世界范围内近 165 000 家经销商提供解决方案和服务。英迈国际是全球最大的技术产品和供应链管理服务的供应商之一。

三、航食、铁路配餐业务齐头并进

海航凯撒依托海航集团拥有的航空、机场等资源,充分利用航空配餐的加工能力,发挥航空配餐的高标准、流程化加工优势,逐步渗透到具有产业相关性的其他细分餐饮行业之中,从而有效形成集约效应,围绕航食、铁路配餐业务,海航也积极完成海外并购、投资,完善产业链布局。

海航拟通过旗下成员公司以收购公众持有的佳美集团公司股份,且该项要约已获得佳美集团董事会同意与支持。佳美集团是目前全球领先的航空餐饮供应企业,从事航空

餐饮、机上零售、物流配套等服务。佳美集团总部位于瑞士苏黎世，现在6大洲33个国家设有约160个服务点，员工总人数约2.8万人。佳美集团在2015年收入为29.96亿瑞郎。海航方面表示，此次收购佳美集团公司股份有利于加快海航国际化发展，增强海航在航食产业领域的能力，产生协同效应。

海航拟斥资26亿港元购买泰升集团66%股权。泰升集团控股有限公司自1991年起在香港联合交易所有限公司上市，并于1996年被评定为香港最佳表现上市公司。泰升集团在香港、上海及天津经营业务，聘用约1 000名雇员。泰升集团在中国内地之主要业务包括物业发展、物业投资、物业管理。

四、航空主业布局稳健，积极落子

海航集团国际化战略正稳步布局，积极落子，接连迈出新步伐，海航表示海航集团所有并购行为都是服务于海航"现代服务业综合运营商"这一定位，基本都是围绕航空旅游、现代物流、现代金融服务这三大支柱产业。在擅长的领域，海航对自己的商业模式和产业整合能力有信心。

（1）海航已经先后入股了法国鹰航、非洲加纳AWA航空两家客运航空，此外还分别入股了南非的商务航空Comairhe及土耳其的货运航空公司myCARGO。2012年海航获得了蓝鹰航空48%的股权，成为后者第二大股东，次年海航便成功获得了北京至巴黎的黄金航线。

（2）海航175亿元收购国际空港服务Swissport，提升了海航国际市场的航空服务水平，将成为海航已有的航空、机场管理、物流和旅游业务的补充。

（3）收购世界第五大集装箱租赁公司SEACO，构建了全球物流和集装箱租赁业务网络布局。

（4）国际飞机租赁公司Avolon2016年1月8日宣布完成与渤海租赁的合并协议。渤海租赁是在中国A股上市的唯一一家租赁公司，由海航集团控股，作为渤海租赁和海航集团的一员，Avolon表示其中期目标是成为排名全球前三位的飞机租赁公司。

（5）海航投资蔚蓝航空落定，成为单一最大股东，海航曾表示，通过上述对外投资，海南航空或其子公司持有了Azul航空的股权和投票权，实现了在南美洲和欧洲的战略联盟，有利于公司迅速拓展在南美洲、非洲和欧洲的航线网络布局。

近期，凯撒旅游拟与海航资本共同出资12亿元投资乐视体育，此番举措系继年初宣布推出里约奥运观赛系列，并募资8 246万元用于体育旅游业务板块的扩展升级后，海航凯撒在体育旅游产业又落下的重要一子。

在2015年9月举行的夏季达沃斯上，海航集团董事长陈峰表示，中国必须走出去，

中国的企业也必须走出去，因为这个时代就是全球经济相融合的时代。自1993年创业至今，海航集团通过20余年的发展，利用资本魔杖使得集团资产几何级膨胀，这艘集航空、实业、金融、旅游、物流为一体的超级集团航母正扬帆起航。

案例讨论题

1. 谈谈对海航集团一系列并购活动的看法。
2. 除了并购，海航集团还可以采用哪些扩张方式？

 **本章思考题**

1. 简述内部增长方法潜在的优劣势。
2. 在什么情况下，企业可以考虑采用内部增长方法？
3. 企业并购的类型有哪些？
4. 企业并购的动因是什么？
5. 如何进行企业并购后的整合？
6. 企业并购时应该注意什么问题？
7. 简述战略联盟的特征。
8. 组建战略联盟的动因是什么？
9. 战略联盟组建时应该注意什么问题？
10. 简述企业重组的原因。

主要参考文献

[1] [美]迈克尔·波特．竞争战略[M]．北京：华夏出版社，1997．

[2] [美]迈克尔·波特．竞争优势[M]．北京：华夏出版社，1997．

[3] MICHAEL D O，TSE，JOSEPH J W．饭店业战略管理[M]．秦宇，译．北京：中国人民大学出版社，2013．

[4] [美]弗雷德·戴维．战略管理[M]．李克宁，译．北京：经济科学出版社，2000．

[5] 严伟．旅游企业战略管理[M]．上海：上海交通大学出版社，2010．

[6] 邹益民，周亚庆，高天明．旅游企业战略管理[M]．北京：中国人民大学出版社，2012．

[7] 陈春华．从理念到行为习惯[M]．北京：机械工业出版社，2011．

[8] 曾国军．旅游企业战略管理[M]．北京：旅游教育出版社，2010．

[9] 金占明．战略管理——超竞争环境下的选择[M]．北京：清华大学出版社，2001．

[10] 孔庆广，刘宇哲．奔向成功——中国企业战略管理实务与案例[M]．北京：企业管理出版社，2000．

[11] 刘庆元，刘宝宏．战略管理[M]．辽宁：东北财经大学出版社，2003．

[12] 楼嘉军．娱乐旅游概论[M]．福州：福建人民出版社，2000．

[13] 苏文才，孙文昌．旅游资源学[M]．北京：高等教育出版社，1998．

[14] 徐二明．企业战略管理[M]．北京：中国经济出版社，2002．

[15] 李剑锋，王君之．战略管理十大误区[M]．北京：中国经济出版社，2004．

[16] 项保华．战略管理——艺术与实务[M]．上海：复旦大学出版社，2007．

[17] 谷慧敏，田桂成．饭店集团案例库（中国卷）[M]．北京：旅游教育出版社，2008．

[18] 邹益民，周亚庆．饭店战略管理[M]．北京：旅游教育出版社，2006．

[19] AUILANA P．Tourism, Technology and Competitive Strategies[M]．G. A. B. International，1993．

[20] MARY L T．Human Resources Management for the Hospitality Industry[M]．Delmar Publishers Inc，1990．

[21] CHRISTINE O，Sustainable Competitive Advantage：Combining Institutional and Resource－based Views[J]．Strategic Management Journal Vol 18，1997．

[22] THOMAS L，WHEELEN J，DAVID H．Strategic Management and Business Policy[M]．fourth edition．Addison－Wesley Publishing Company，1992．